JOEL ET JOHN JESSUP

VOUS ÉCHAPPEREZ-VOUS DU TITANIC ?

CREUSEZ-VOUS LES MÉNINGES POUR SURVIVRE

LAROUSSE

JOEL ET JOHN JESSUP

VOUS ÉCHAPPEREZ-VOUS DU TITANIC ?

CREUSEZ-VOUS LES MÉNINGES POUR SURVIVRE

LAROUSSE

Cet ouvrage a été publié pour la première fois en 2024, sous le titre original *Escape the Titanic* par Ivy Press, une marque du groupe Quarto.
1 Triptych Place, London SE1 9SH, United Kingdom

Tous les efforts ont été faits pour retrouver les auteurs des illustrations utilisées dans cet ouvrage (voir crédits photographiques p. 256). Si vous remarquez des omissions, signalez-le à l'éditeur pour corriger les futures réimpressions.

Édition originale : design : Griffin and Dave Jones, édition : Michael Brunström ; direction éditoriale : Eliza Walsh

Édition française : direction de la publication Carine Girac-Marinier ; édition : Antoine Caron ; informatique éditoriale : Philippe Cazabet, Sharareh Maljaei ; couverture : Frédéric Manlay.

Traduction : Isabelle Shelley

ISBN : 978-2-03-607370-8

Achevé d'imprimer en Chine
Dépôt légal : avril 2025 – 338204/01
N° de projet : 11057218 – mars 2025

FSC
www.fsc.org
MIXTE
Papier | Pour une gestion forestière responsable
FSC® C016973

Sommaire

RMS TITANIC
LIVERPOOL

À propos de ce livre

Comment êtes-vous entré en possession de ce livre ? Cet ouvrage, par sa complexité et par sa quête d'évasion, peut être insaisissable.

Chaque chapitre contient une partie d'une aventure trépidante en quatre épreuves.

La nature de chaque épreuve vous sera révélée en début de chapitre et toutes les énigmes à résoudre seront exposées dans ces pages. Vous devrez décoder des messages, trouver la signification de symboles et compléter des énigmes logiques ou numériques. Comme il peut y avoir des liens entre des énigmes que vous n'aviez pas anticipés, vérifiez tout avec soin. Les indices et les liens peuvent se trouver partout dans le texte ou les images. Des indices sont également là pour vous guider vers la solution. Une fois une épreuve achevée, vous pourrez passer à la suivante.

Si vous avez besoin d'aide, vous trouverez des indices supplémentaires à la fin du livre, classés par épreuve. Les solutions s'y trouvent aussi.

Bonne chance et bonne évasion !

Introduction

Il est 23 h 40 le 14 avril 1912 et le RMS *Titanic* effectue sa traversée de l'océan Atlantique, de Southampton à New York. Selon le registre, il y a 2 224 personnes à bord, équipage inclus.

2 224, ou peut-être... 2 225. Car lorsque le *Titanic* s'est brièvement arrêté à Queenstown en Irlande, il a pris à son bord un passager clandestin : vous.

Et, le *Titanic*, vous l'avez construit. Pas tout seul, bien sûr. Vous étiez mécanicien sur les chantiers Harland & Wolff à Belfast. Vous avez été ébloui par sa taille et son luxe, mais surtout par la possibilité d'une nouvelle vie en Amérique. Mais un ticket de troisième classe coûtait plus cher que ce que vous pensiez gagner en une vie.

Toutefois, vous êtes malin. Trop, disent certains. Vous savez mentir et improviser.

Lorsque le bateau a fait escale en Irlande pour prendre du fret et des passagers, vous avez vidé une caisse de marchandises pour vous glisser dedans. Vous pourrez survivre dans la soute quelques jours et vous éclipser à l'arrivée à New York !

Un plan parfait. Mais comme tout le monde... vous n'avez pas vu l'iceberg arriver.

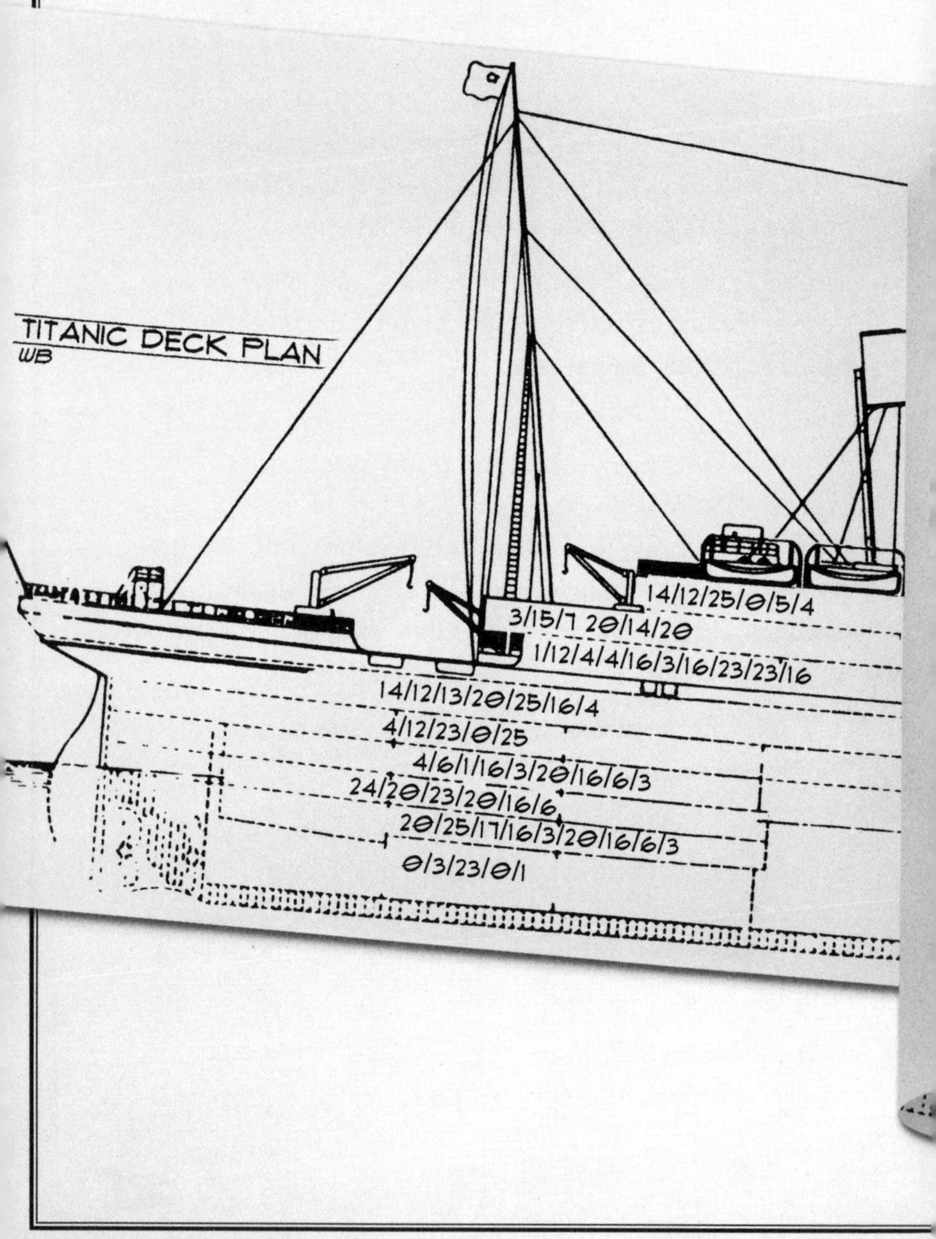

TITANIC DECK PLAN
WB
14/12/25/0/5/4
3/15/7 20/14/20
1/12/4/4/16/3/16/23/23/16
14/12/13/20/25/16/4
4/12/23/0/25
4/6/1/16/3/20/16/6/3
24/20/23/20/16/6
20/25/17/16/3/20/16/6/3
0/3/23/0/1

CHAPITRE I

PONT ORLOP

1

Lisez le plan des ponts

Vous êtes réveillé en sursaut par une sensation horrible... De l'eau gelée monte autour de vous. Il y en a à hauteur de genou dans la soute. Que se passe-t-il ? Le bateau ne peut pas couler, enfin. Vous devez sortir de là.

Quand vous avez décidé de vous cacher, un des constructeurs – votre ami William Bailey – vous a donné un plan des ponts, mais sans leurs noms.

Vous ne saviez pas pourquoi il avait noté des nombres dessus. Vous ne pensiez même pas en avoir besoin. Jusqu'à maintenant. Ce plan serait peut-être plus utile si vous trouviez le nom des ponts. Bailey vous a aussi donné un article du *Belfast Telegraph* qui contient une interview de lui. Il vous a dit que cette coupure pourrait vous être utile et vous n'aviez pas compris pourquoi.

Vous avez constaté plus tard qu'il avait glissé au passage un petit disque en papier dans votre poche.

VOYAGE INAUGURAL DU *TITANIC*

Le RMS *Titanic* partira de Southampton la semaine prochaine pour son premier voyage officiel.

Le bateau a été construit dans les énormes chantiers Harland & Wolff ici à Belfast, et les meilleurs ouvriers et ingénieurs de la ville ont pris part à sa création.

L'un d'eux, M. William Bailey, riveteur expérimenté, a exprimé le regret de ne pas pouvoir prendre part à ce voyage, mais s'est extasié sur les prestations luxueuses de ce paquebot exceptionnel, de ses superbes salles à manger sur le pont D au magnifique pont supérieur A, son lieu favori. M. Bailey a ajouté que s'il devait noter de 1 à 10 le pont A du *Titanic*, il lui mettrait un 12 !

PONT ORLOP

Pour l'utiliser, il vous faut une clé de décryptage qui vous indiquera une correspondance lettre-nombre et ainsi de suite en suivant ce point de départ.

Où peut-elle se trouver ? Où William a-t-il laissé un indice ?

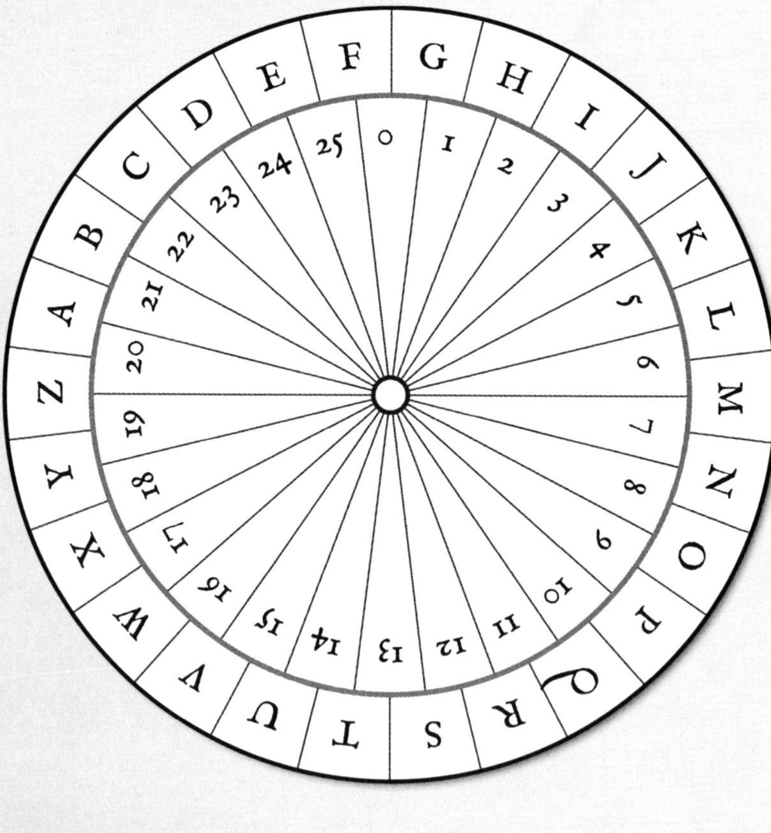

Quand vous aurez décodé les nombres du plan des ponts, notez-les ici.

_ _ _ _ _ _

_ _ _   _ _ _

_ _ _ _ _ _ _ _ _ _

_ _ _ _ _ _ _

_ _ _ _ _

_ _ _ _ _ _ _ _ _

_ _ _ _ _ _

_ _ _ _ _ _ _ _ _

_ _ _ _ _

2

Sortez de la soute

Le message laissé par William au sujet du pont est surprenant, mais il n'y a pas un instant à perdre ! Vous foncez vers la porte et réalisez que la montée des eaux a fait tomber une caisse devant la sortie. Vous êtes piégé ! Jusqu'ici l'obscurité et l'environnent confiné de la soute semblaient plutôt réconfortants. À présent, au milieu de litres d'eau de mer glacée, l'endroit ressemble à une tombe.

Vous tentez de soulever la caisse, mais elle est trop lourde. Vous n'avez jamais pu porter plus de 15 kg dans votre vie. Vous n'arrivez même pas à la pousser. Soudain, vous vous souvenez des grues sur les quais d'Harland & Wolff : en créant un système de treuil, vous pouvez utiliser un contrepoids pour hisser la caisse et libérer le passage.

Vous trouvez une corde solide, un peu mouillée, que vous jetez par-dessus une poutre au plafond et que vous attachez à la caisse. De l'autre côté, vous fixez un morceau de ferraille pour bien ancrer la corde. Vous tentez d'utiliser votre poids pour soulever la caisse, mais sans endroit où la déplacer, elle retombe devant la sortie avant que vous puissiez passer. Il vous faut d'autres caisses assez lourdes pour maintenir un contrepoids...

En regardant les autres caisses, vous constatez que leur poids est inscrit sur leurs parois, mais l'eau a effacé certains chiffres. Quel est le poids de chaque caisse ?

En identifiant les poids, vous saurez quelles caisses utiliser comme contrepoids pour votre système.

Soudain, vous voyez un bordereau flotter dans l'eau. C'est la liste des caisses, y compris celle qui bloque la porte. Si vous trouvez quelle caisse manque, vous

Bertrand & Fils

Bordereau

- Laine.................................... 5,0
- Bobines de coton 7,0
- Farine 7,3
- Savon 10,0
- Conserves de soupe...........10,5
- Matériel médical 13,5
- Champagne 23,0
- Écrous et boulons..............30,5
- Outils...................................33,5
- Têtes de marteau 40,0

saurez comment contrebalancer son poids.

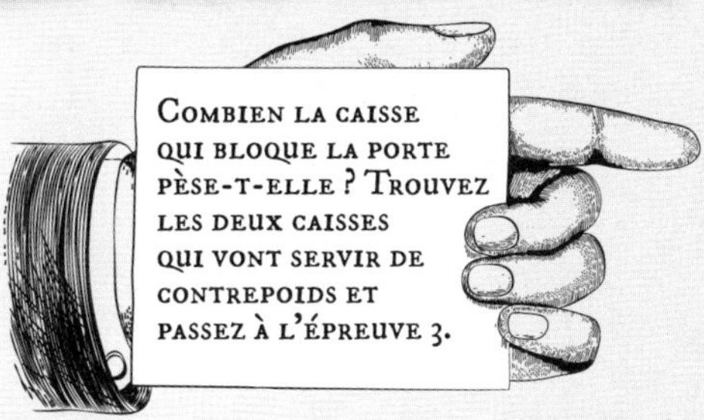

3

Purgez les chaudières

Vous soulevez la caisse et ouvrez aussitôt la porte. Sous la caisse, vous trouvez une casquette plate (qui ne l'était peut-être pas avant) et foncez vers la sortie. Vous fermez la porte pour contenir l'eau... mais devant vous, le reste des soutes est également inondé. Il faut trouver l'escalier au plus vite ! Dans la soute, vous vous êtes habitué au bruit et à la chaleur de la salle des machines, où les « chauffeurs » enfournent du charbon pour faire tourner d'énormes moteurs, mais l'air est devenu étrangement froid et des cris de panique retentissent. Le cœur du bateau a cessé de battre.

Vous entrez dans une des salles et vous glissez entre les machines, subjugué par leur taille incroyable. Tout le monde est trop occupé pour vous remarquer jusqu'à la Salle 4. Un membre d'équipage à l'air désespéré vous attrape. Vous a-t-il découvert ? Vous rabattez vite votre casquette sur votre visage.

« Il faut purger les chaudières ! Elles vont exploser si nous n'évacuons pas la vapeur accumulée par la cheminée arrière. Ils nous maintiendront enfermés tant que ce ne sera pas fait ! »

Il désigne une série de vannes.

« Il faut trouver la bonne combinaison et la leur envoyer par le transmetteur d'ordres. Dès qu'elles seront purgées, ils déverrouilleront la porte. Mais je ne l'ai jamais fait, personne ici ne l'a fait ! »

Vous non plus n'avez jamais purgé de chaudière. Vous n'avez rien nourri de plus gros qu'un feu de joie.

En regardant autour de vous, vous trouvez un manuel qui détaille les vannes requises pour purger la chaudière et leur ordre d'activation. Il semble y avoir aussi une combinaison étrange de lettres et de chiffres en bas à droite...

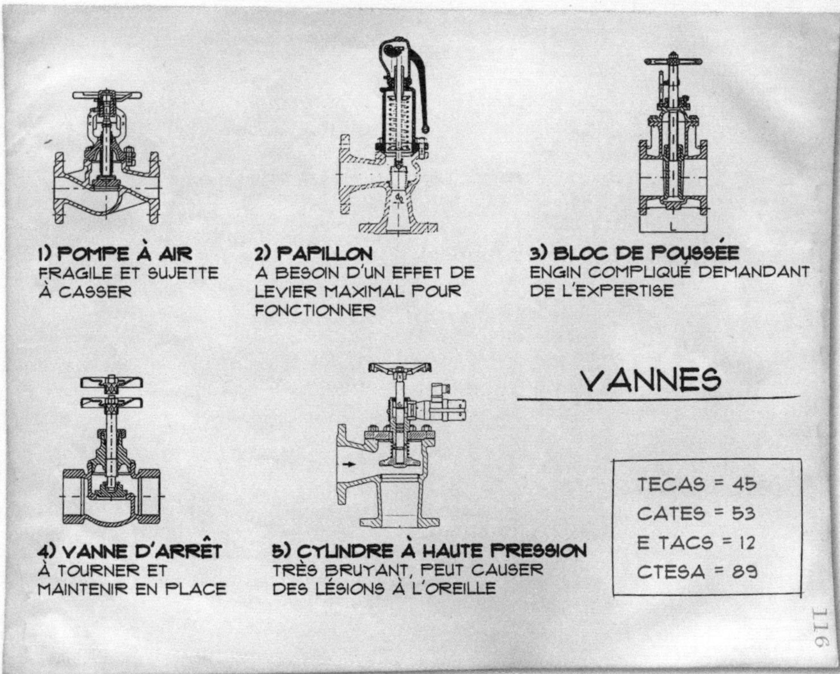

Vous dénichez le carnet du chef mécanicien qui contient ses commentaires sur son équipe, sans doute pour le chef des chauffeurs. Vous le lisez à toute allure pour voir s'il peut vous aider à trouver qui doit faire fonctionner quelle vanne.

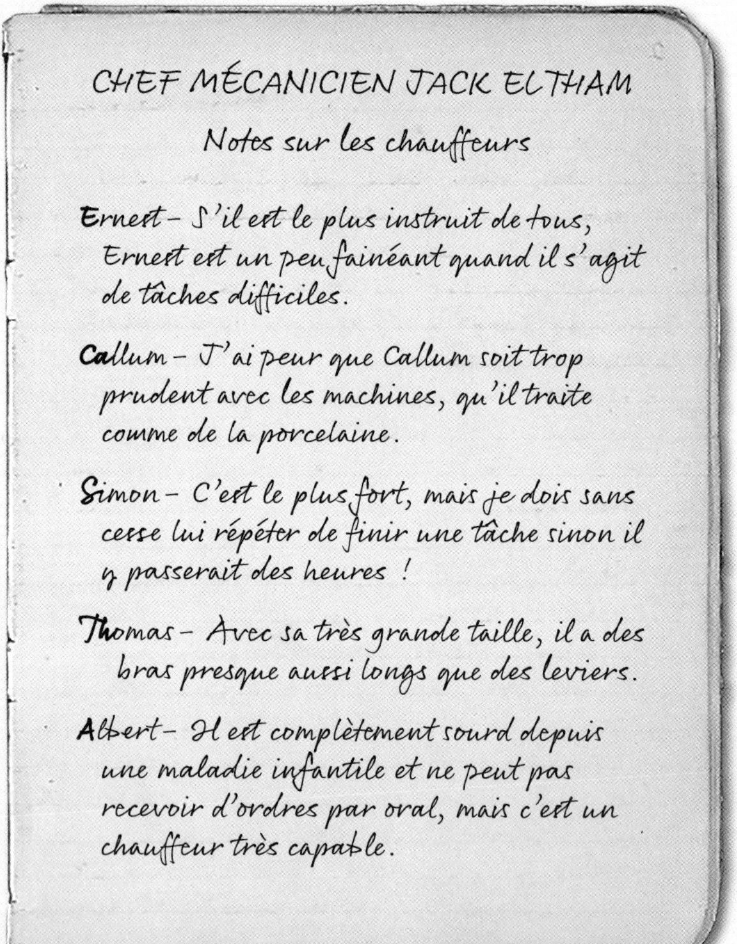
CHEF MÉCANICIEN JACK ELTHAM

Notes sur les chauffeurs

Ernest – S'il est le plus instruit de tous, Ernest est un peu fainéant quand il s'agit de tâches difficiles.

Callum – J'ai peur que Callum soit trop prudent avec les machines, qu'il traite comme de la porcelaine.

Simon – C'est le plus fort, mais je dois sans cesse lui répéter de finir une tâche sinon il y passerait des heures !

Thomas – Avec sa très grande taille, il a des bras presque aussi longs que des leviers.

Albert – Il est complètement sourd depuis une maladie infantile et ne peut pas recevoir d'ordres par oral, mais c'est un chauffeur très capable.

Une photo de l'équipe est accrochée au mur. Les initiales des noms des hommes vous rappellent certaines lettres vues récemment...

Mais avant de commencer, vous devez savoir quel tuyau de la chaudière mène directement à la cheminée arrière.

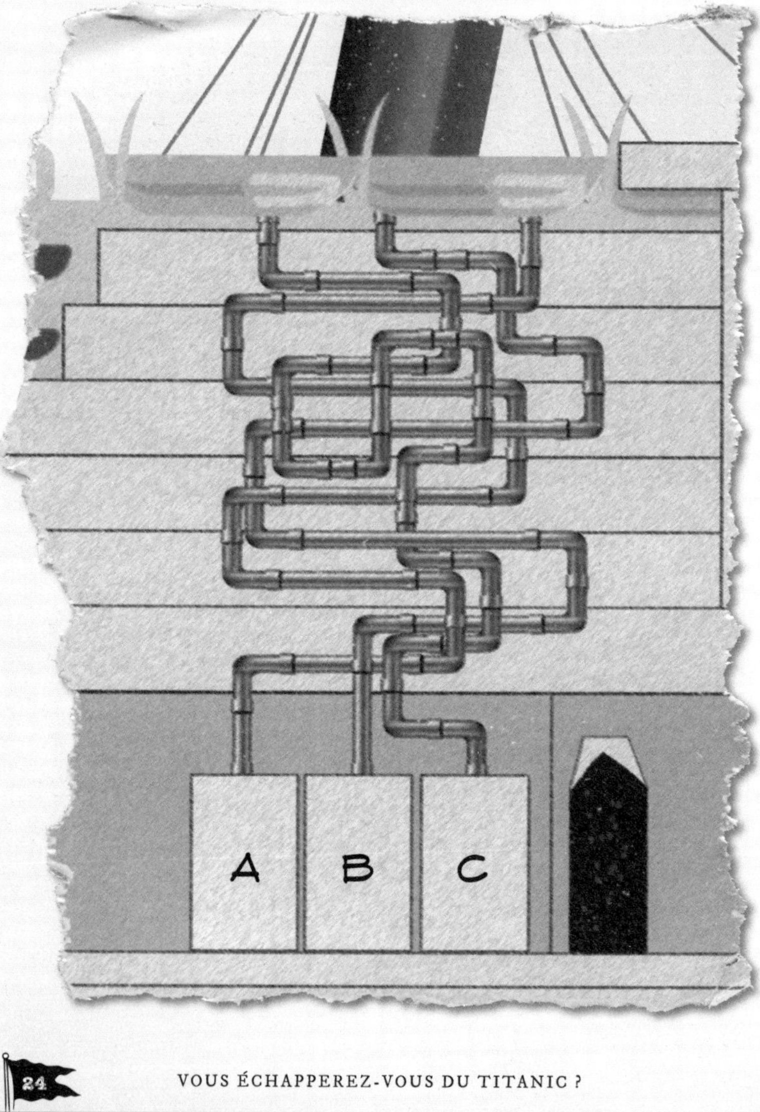

L'engin près des chaudières doit être le transmetteur d'ordres utilisé pour communiquer à bord du bateau, mais au lieu des mots habituels, il y a beaucoup de lettres et de chiffres. Sur quelle position faut-il placer le levier ? Peut-être que les lettres et les chiffres du manuel ont une utilité.

Tant que vous n'aurez pas bien fait les choses, la vapeur va stagner – et vous aussi.

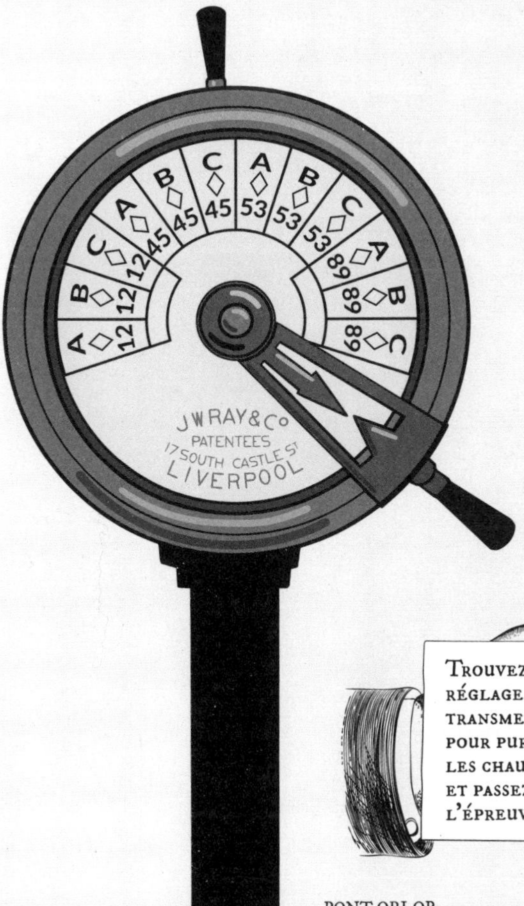

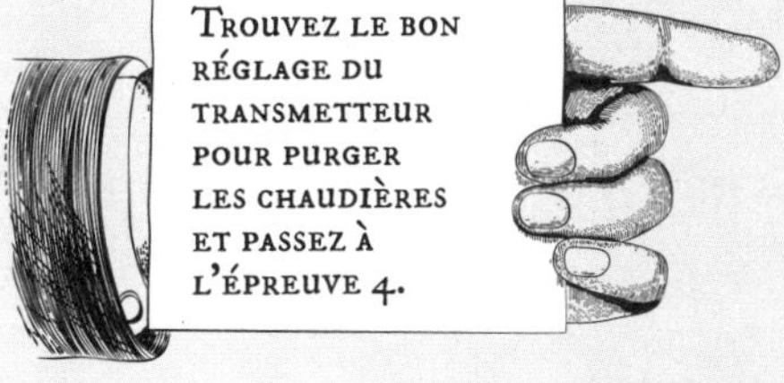
Trouvez le bon réglage du transmetteur pour purger les chaudières et passez à l'épreuve 4.

4

Suivez le bon rat

Vous sentez la haute pression de la vapeur secouer le circuit alors qu'elle s'évacue par la cheminée arrière. La porte est déverrouillée et les chauffeurs, soulagés, sortent aussitôt. Vous les quittez pour éviter les regards et vous vous perdez dans un labyrinthe de coursives sombres.
Soudain, vous entendez un grattement étrange et vous faites face à une vision d'horreur : des centaines de rats en train de fuir. Et vous êtes sur leur chemin.

Heureusement, ils sont plus préoccupés par leur survie que par votre présence, et vous émergez sans une morsure.

Vous vous engouffrez dans un local technique et voyez trois rats qui se frayent un chemin entre les postes électriques. Comme vous savez que les rats quittent un navire qui coule, vous pensez qu'en les suivant vous trouverez l'escalier.

Au-dessus des postes électriques, vous remarquez trois plaques curieuses où sont inscrits des chiffres romains et une série de lettres et de nombres arabes.

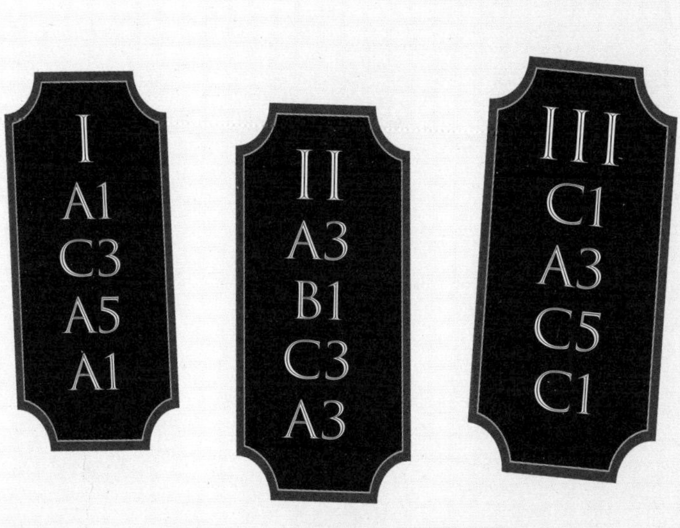

Vous remarquez aussi des chiffres romains sur le plan aux croisements des postes électriques.

Il semble que lorsque les rats arrivent aux croisements, ils reçoivent une décharge électrique qui les fait tourner à gauche, à droite ou aller tout droit selon le chiffre romain placé à cet endroit. Bizarre. Dans leur panique, les rats courent le risque d'être pris dans les pièges disposés dans la pièce.

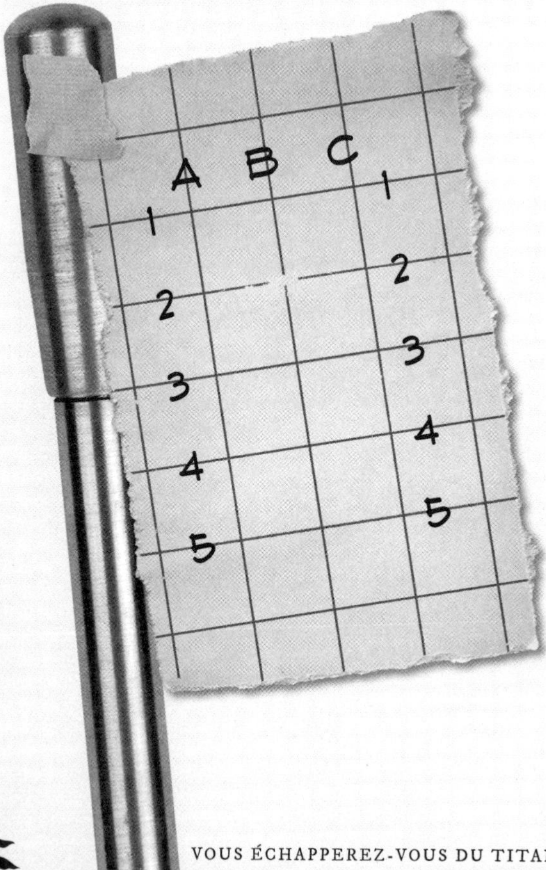

Vous trouvez trois bouts de papier fixés à un levier où sont tracées des grilles, mais elles ne semblent pas correspondre au plan du local. Cela pourrait être lié à quelque chose d'autre. ABC ? 12345 ? Vous avez vu cela écrit quelque part...

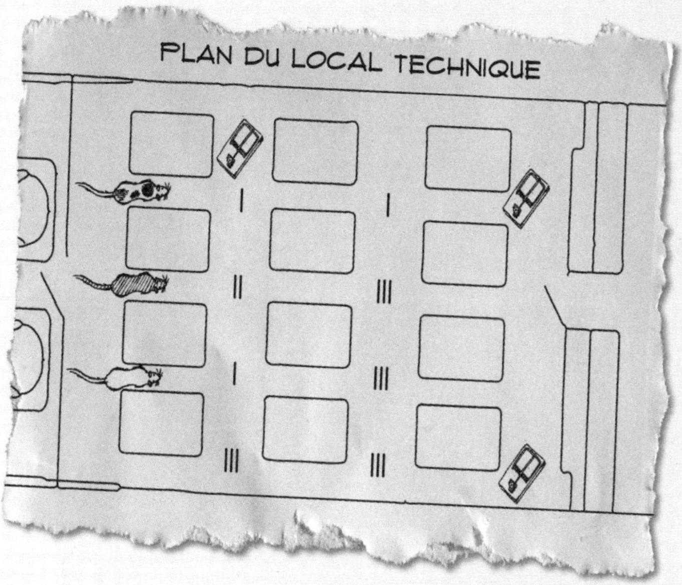

I =	
II =	
III =	

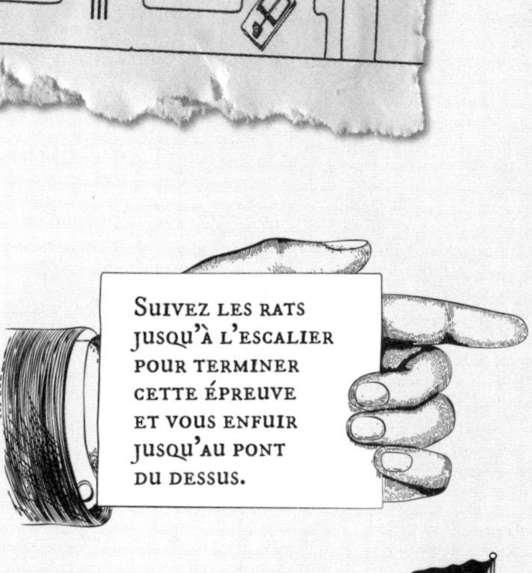

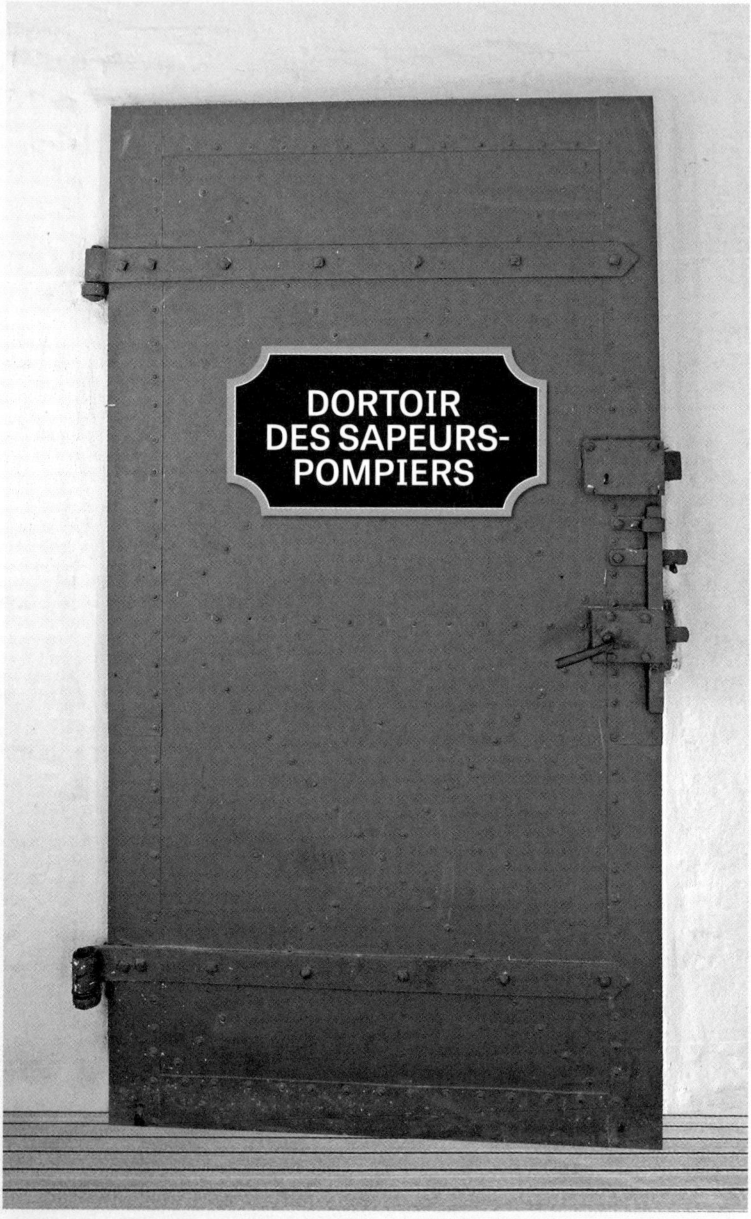
DORTOIR
DES SAPEURS-
POMPIERS

PONT G (INFÉRIEUR)

5

Sauvez Sharp

Vous quittez le pont orlop en empruntant un escalier qui mène au pont inférieur envahi de passagers de troisième classe et de membres d'équipage. En quête d'une nouvelle issue, vous vous éloignez et empruntez un couloir où l'eau monte vite. Soudain, vous entendez un faible appel à l'aide derrière une porte indiquant « Dortoir des sapeurs-pompiers ».

Vous entrez dans la pièce plongée dans l'obscurité. À présent, la voix est plus forte : « Aidez-moi ! Je suis coincé ! » Vous envisagez d'ignorer cet appel, mais vous ne pouvez pas abandonner un homme à une morte certaine. Avec précaution, vous avancez dans le noir. « Je suis menotté à une couchette. Faites vite ! » crie-t-il.

« Laquelle ? » demandez-vous. L'acoustique de la pièce est trop saturée pour suivre le son de sa voix.

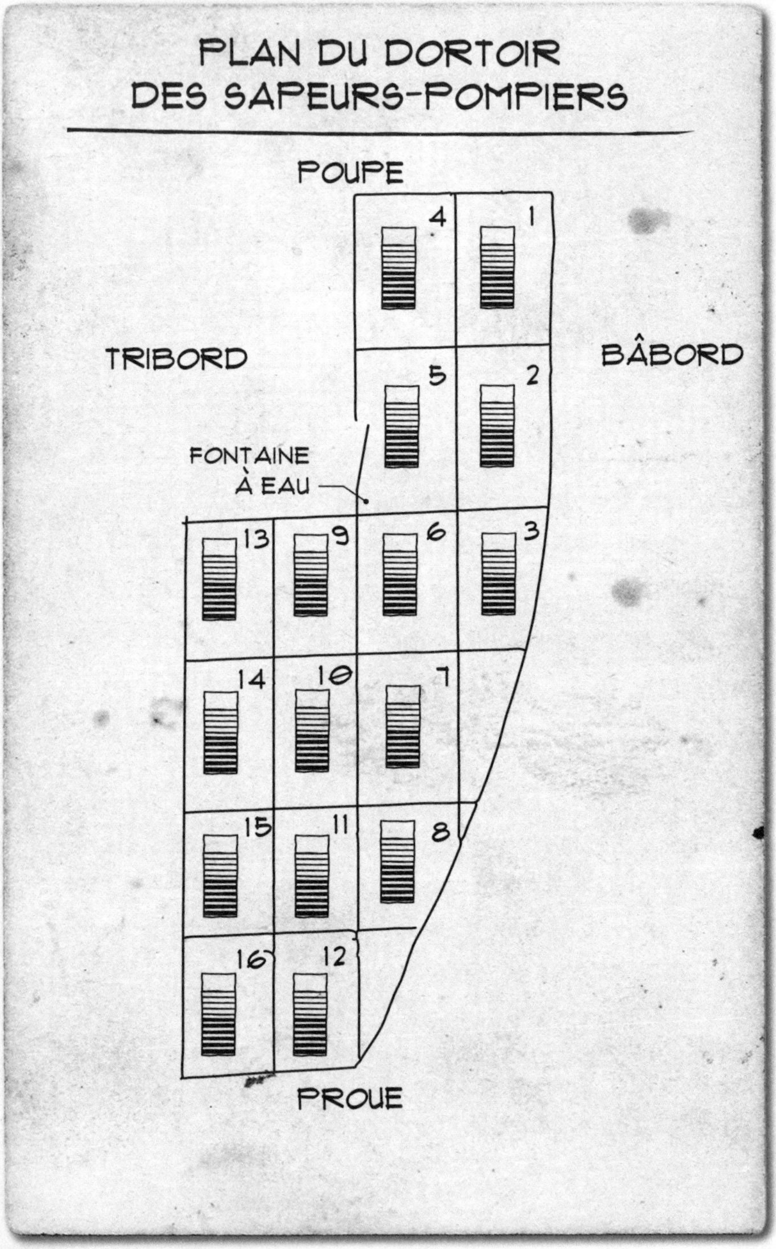
PLAN DU DORTOIR
DES SAPEURS-POMPIERS
POUPE
TRIBORD
BÂBORD
FONTAINE
À EAU
4
1
5
2
13
9
6
3
14
10
7
15
11
8
16
12
PROUE

« Je ne connais pas les numéros... mais je peux indiquer le chemin. À un moment, ils m'ont bandé les yeux et détaché pour me donner un verre d'eau. Ils m'ont fait emprunter un parcours compliqué pour me désorienter, mais j'ai mémorisé les directions.

J'ai quitté la couchette au coin arrière tribord, tourné face à la proue, et avancé d'une couchette à la fois :
d'abord vers la proue,
puis vers tribord,
proue,
bâbord,
proue,
bâbord,
poupe,
bâbord,
poupe,
tribord
puis poupe.

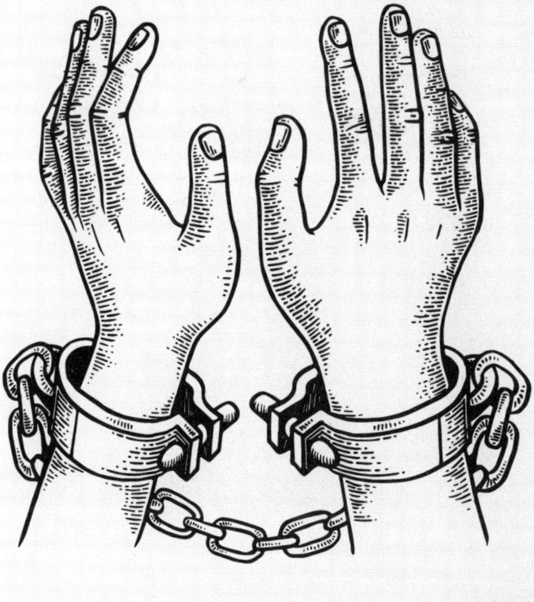

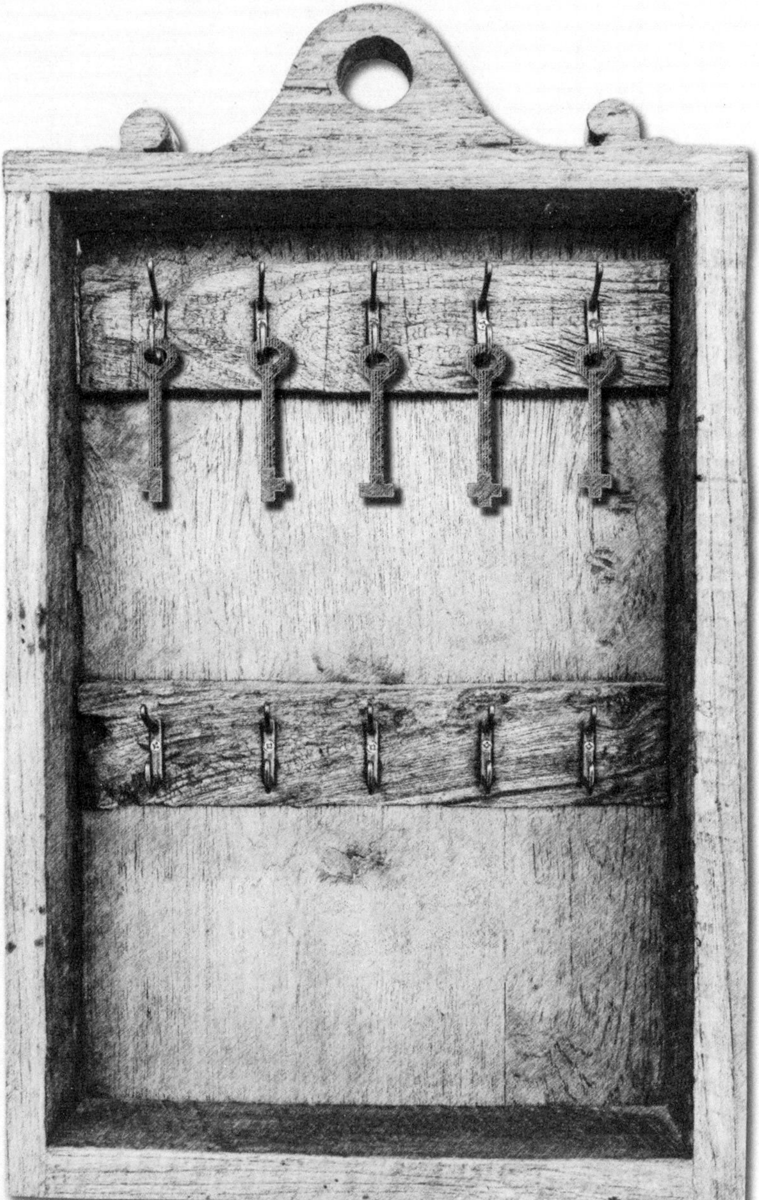

Grâce aux instructions, vous foncez vers la bonne couchette, où se trouve un homme menotté. Il se présente sous le nom de Sharp et vous demande de chercher la clé des menottes. Il y en a cinq, accrochées dans une boîte fixée au mur non loin de lui, mais hors de sa portée. Vous demandez : « Laquelle est la bonne ? » tandis que le niveau de l'eau monte. « Elle a la forme du chemin que tu viens de prendre ! » hurle-t-il.

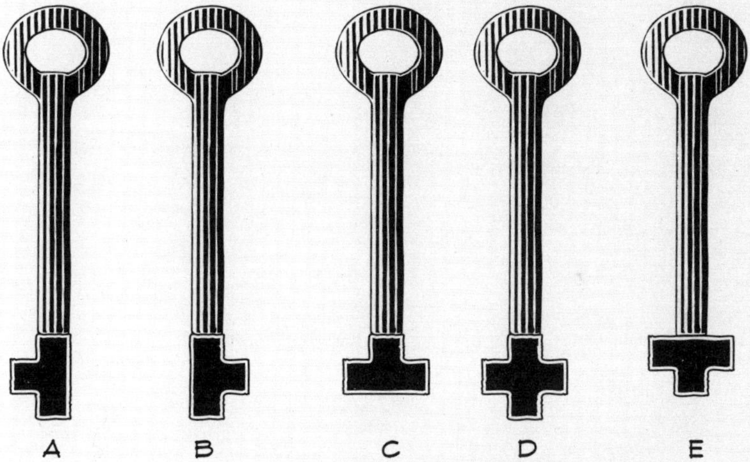

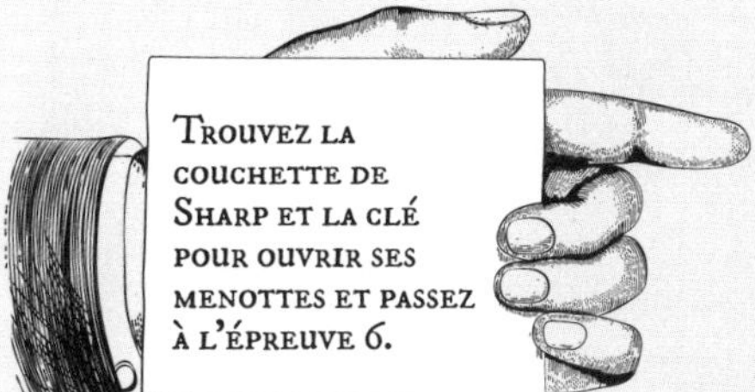

6

Trouvez le bon sac

Vous libérez Sharp de ses menottes et quittez vite le dortoir pour le couloir à présent en partie inondé. « J'ai rendu visite à une fille en troisième classe, mais ses frères m'ont surpris et attaché ici. Ils voulaient me laisser me noyer, dit Sharp. Sortons d'ici. Suis-moi, je connais un raccourci vers le pont du dessus. »

Vous le suivez derrière jusqu'à une porte et entrez dans ce qui a l'air d'être une soute à bagages. Confus, vous demandez : « C'est ça, le raccourci ? »

« Un brave garçon comme toi va m'aider à trouver le sac de mon frère. C'est maman qui le lui a donné. Il aura le cœur brisé si cet héritage va aux poissons ! » Vous pensez qu'il y a des choses plus urgentes à faire, mais comme il bloque la porte, vous cédez. Curieusement, Sharp ne sait pas à quoi ressemble le sac, mais il vous montre une photo de son frère dans un jardin, cultivant des plantes rares.

Sharp vous montre également une brochure du jardin botanique de Chelsea où son frère passe le plus clair de son temps. Elle contient des illustrations de plantes qui vous aideront à repérer l'étiquette du sac de son frère, surtout si vous utilisez aussi sa photo. Vous hésitez à lui dire qu'il sait bien peu de choses sur son frère, mais en voyant l'eau de mer glacée qui monte, vous décidez que votre mot d'ordre est la rapidité.

Chelsea Physic Garden

Petit guide des plantes et de leurs propriétés

Hamamélis
(*Hamamelis – médicinale*)
En raison de ses propriétés astringentes, elle sert à traiter diverses maladies de peau.

Camomille
(*Matricaria chamomilla – médicinale*)
Les infusions faites avec ses fleurs séchées peuvent améliorer la qualité du sommeil.

Rhododendron
(*arbuste décoratif*)
Large famille de plantes d'environ 1 024 espèces, surtout issues d'Asie de l'Est.

Échinacée
(*Echinacea purpurea – médicinale*)
Fréquemment préconisée pour la prévention et le traitement du rhume.

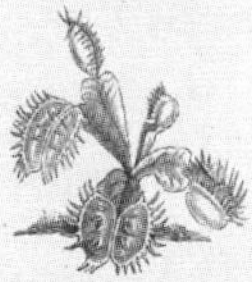

Dionée attrape-mouche
(*Dionaea muscipula – exotique*)
Plante carnivore originaire des zones humides subtropicales de l'est des États-Unis.

Belladone
(*Atropa belladonna – médicinale*)
Aussi appelée morelle furieuse ; ses feuilles et ses baies sont très toxiques.

Millepertuis perforé
(*Hypericum perforatum – médicinale*)
Plante souvent utilisée pour traiter la dépression, la ménopause et l'anxiété.

« C'est certainement un de ceux-là ! » dit-il en montrant une pile de huit sacs d'apparence identique. Chaque sac a une étiquette où se trouve une seule image. Lequel est celui de son frère ? Il y a toutes sortes de dessins de plantes et de symboles de jardinage. Vous identifiez un sécateur, un caducée médical avec les deux serpents et une truelle de jardinage, ainsi que diverses fleurs. Lequel a le plus de points communs avec son frère ?

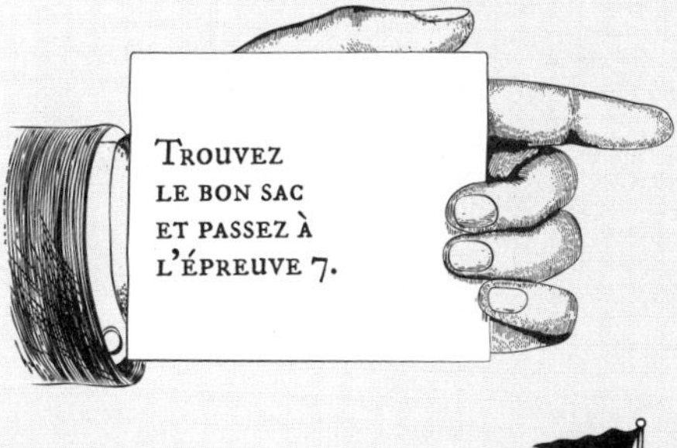
Trouvez
le bon sac
et passez à
l'épreuve 7.

7

Trouvez le bon casier

« Merci, mon pote », dit Sharp poliment, prenant le sac sous son bras. Il vous guide avec assurance à travers une série de longs couloirs jusqu'à la porte du bureau de poste du *Titanic*. « Par ici », dit-il.

Le bureau de poste est étonnamment grand. Des centaines de milliers de lettres sont acheminées vers l'Amérique et les postiers à bord doivent les trier lors de la traversée. Vous êtes choqués en voyant que ceux-ci, au lieu de se sauver, sortent encore des sacs de courrier de leur soute. Le receveur ordonne à son équipe : « Sauvez-en le plus possible ! »

Vous criez : « Vous devez partir. L'eau monte vite ! » mais ils hochent la tête. « Nous avons une mission », répondent-ils avec solennité. Impuissant, vous suivez Sharp jusqu'à la porte au fond du bureau de poste, mais il constate qu'elle est fermée à clé.

« Où est la clé ? Vite ! » lance Sharp à un postier qui marmonne une excuse avant de vous tendre une lettre. « Je suis vraiment désolé. Dans la panique, j'ai dû mettre la clé à l'endroit où cette lettre était censée aller. » Il désigne une rangée de casiers. « Je crains

Dr D Delgado
Delaware Drive
Salem, Ohio
USA
25715
N
S
E
W

qu'elle ne soit dans l'un d'eux. » Puis il mentionne son idée de mettre des chiffres sur une enveloppe pour qu'elle atteigne plus facilement sa destination. Cela semble utile, mais le moment est mal choisi pour discuter de façons de trier le courrier...

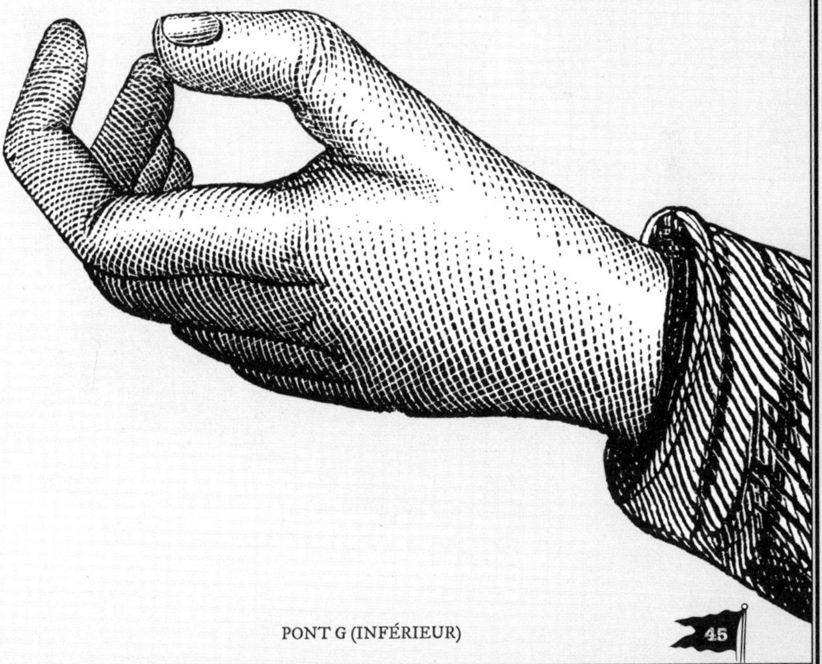

A
B
C
D
E
F
G
H
I
J
K
L
M
N
O
P
Q
R
S
T
U
V
W
X
Y

« Peu importe. Comment trouver le casier où est la clé ? » demande Sharp.

« Toutes les informations à suivre pour trouver le chemin vers le bon casier figurent sur le recto de l'enveloppe. Vous saurez où commencer, où se trouvent le bon chemin et la direction du casier », répond le receveur. Il vous laisse avec la lettre et reprend son travail.

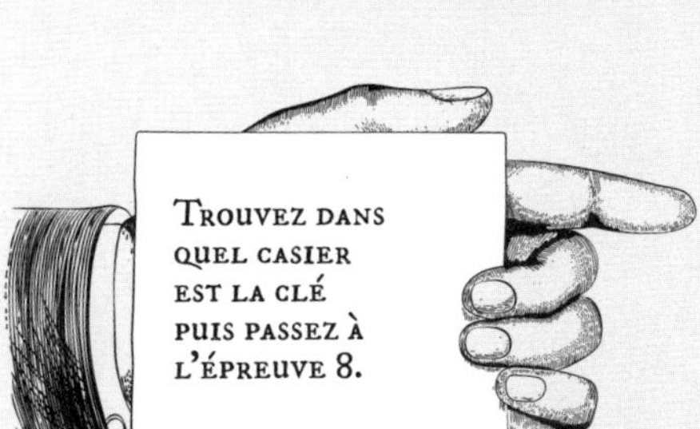

8

Franchissez la porte

Devant vous, Sharp patauge dans l'eau glacée jusqu'à une porte ornementée au bout du couloir.

« Nous y sommes. Cela devrait nous mener aux ponts supérieurs », s'exclame-t-il. Empoignant le sac de son frère d'une main, il fait quelque chose à la porte qui vous échappe, car il vous bloque la vue. Elle s'ouvre. Sharp la franchit, mais quand vous tentez de le suivre, il vous claque la porte au nez.

« Désolé, mais cet escalier n'est pas pour les passagers clandestins ! dit-il d'un ton cruel et moqueur. Bonjour aux poissons de ma part ! » Il court dans l'escalier en riant et vous laisse secouer la porte avec fureur alors que l'eau vous arrive au torse. Vous oubliez votre colère pour chercher le moyen de l'ouvrir...

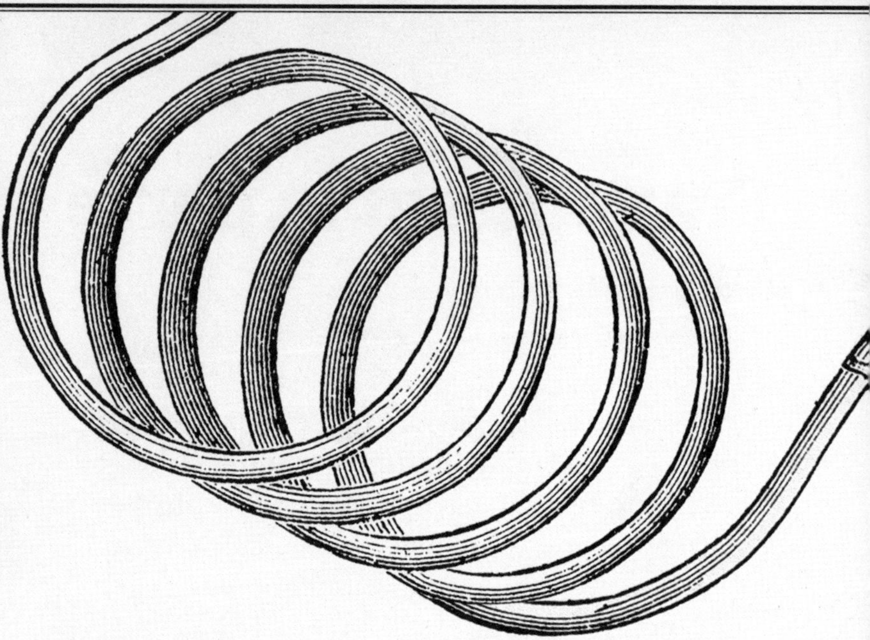

Vous êtes sûr qu'il a actionné quelque chose sur la porte. Y a-t-il un mécanisme caché ? Et où ? Comme certains panneaux sont à présent submergés, vous devrez plonger la tête sous l'eau et retenir votre souffle pour les voir. Par chance, une gaine d'air cassée projette des bulles dans l'eau. Pourrez-vous prendre assez d'air dans vos poumons pour rester sous l'eau et examiner les panneaux ? En partant du haut à gauche, passez d'une bulle à l'autre pour collecter des secondes d'air. Il vous faudra deux minutes (120 secondes) pour trouver comment ouvrir la porte. Vous ne pouvez pas utiliser deux fois la même bulle.

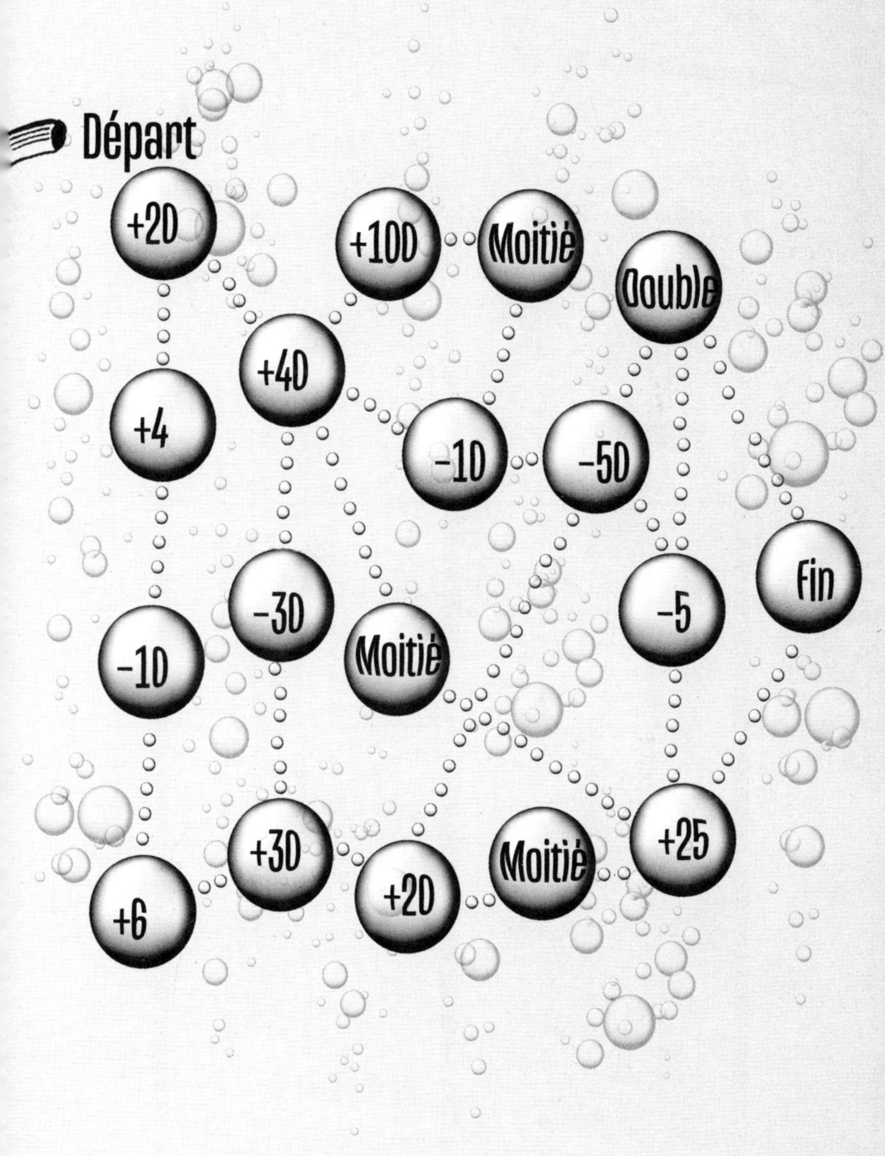
Départ
+20
+100
Moitié
Double
+4
+40
−10
−50
Fin
−30
−5
−10
Moitié
+30
+20
Moitié
+25
+6

Les secondes d'air obtenues grâce aux bulles sont votre limite de temps pour résoudre cette énigme. La porte a été conçue pour le pont de première classe, mais elle n'a pas été reléguée en troisième classe sans raison. Six des panneaux contiennent des défauts quasi imperceptibles. Pour déverrouiller la porte, vous allez devoir appuyer simultanément sur les deux panneaux identiques. À présent, vous avez de l'eau jusqu'aux épaules et vos bras et vos jambes s'engourdissent...

Il faut agir vite.

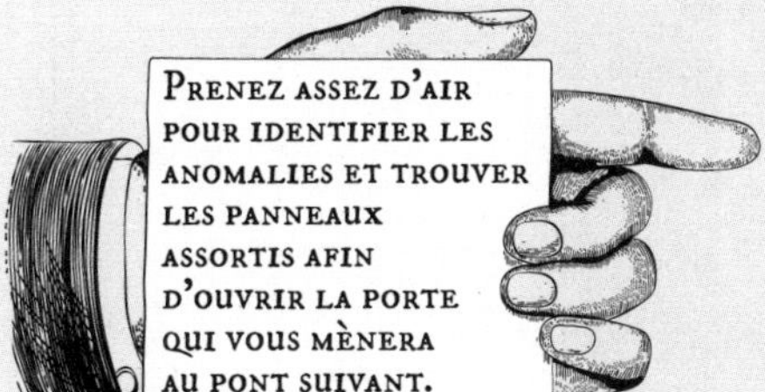

TITANIC
PONT
F

CHAPITRE 3

PONT F (MILIEU)

9

Trouvez la bonne porte

Alors que vous vous ruez dans l'escalier, le Titanic *penche sur le côté. Vous pataugez dans l'eau glacée qui monte presque aussi vite que vous courez. Essoufflé, vous arrivez sur le pont du milieu, ou comme l'indique une plaque, le Pont F. Autour de vous, les gens s'affairent en tous sens et les quelques membres d'équipage présents ne donnent pas d'instructions claires. Vous devrez vous débrouiller pour trouver la sortie.*

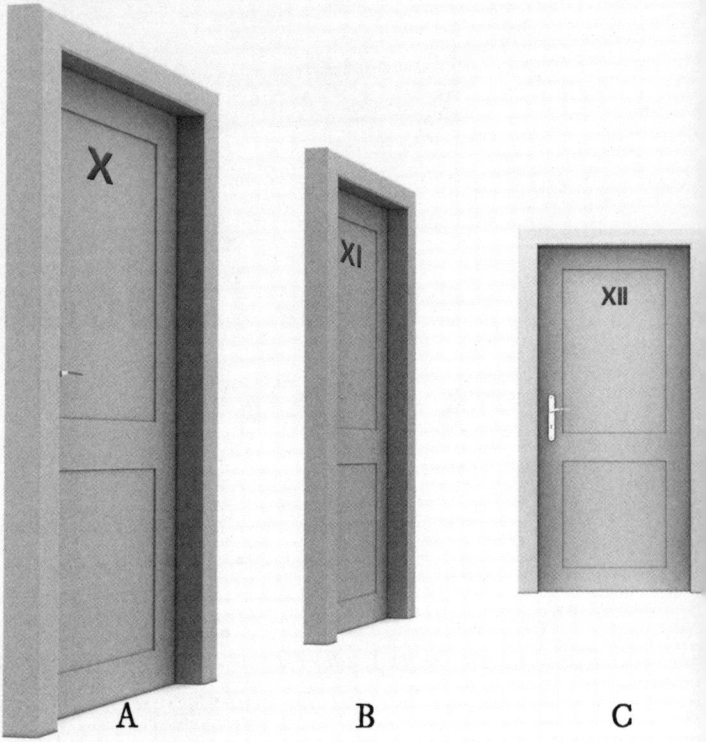
X
XI
XII
A
B
C

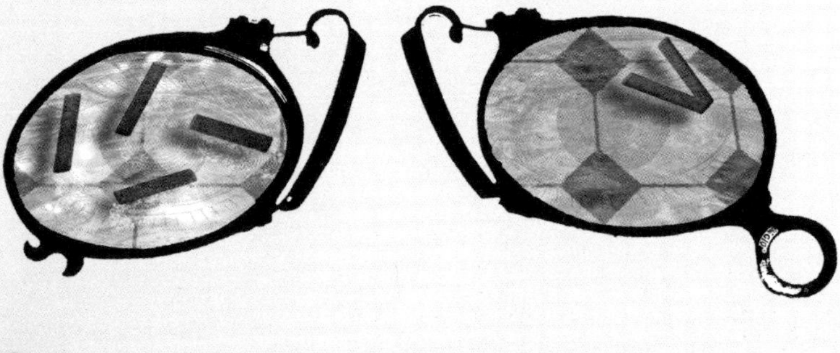

Devant vous, dans le couloir, vous voyez cinq portes marquées de chiffres romains en bois. Mais l'ordre numérique semble incohérent. Pour quelle raison ? Pourquoi des petits bouts de bois flottent-ils dans l'eau ? Vous devez trouver la bonne signalisation, puis déterminer quelle porte vous mettra en sécurité.

Il y a également cinq passagers qui crient et paniquent. Vous demandez à chacun d'eux s'ils savent quelle porte mène vers une issue, mais leurs réponses vous fournissent des informations très contradictoires...

Faites-moi confiance. Empruntez la porte X. Cette gouvernante est une menteuse.
1.
C'est assurément la porte X ! La gouvernante est fiable et je suis sûr que M. Blackstaff dit la vérité.
2.
Nous devons prendre la porte XII ! Les journalistes sont des menteurs et ce Palmer n'est pas digne de foi !
3.
Je connais ce vaisseau comme ma poche. C'est la porte XI. Je n'ai pas confiance en M. McGillvray, mais Miss Poole est fiable.
4.
Je le sais, j'ai vu les plans du bateau. La porte XV est le chemin le plus court. Ce boulanger veu nous fourvoyer, mais j'ai confiance en Callum.
5.

Vous reconnaissez certaines personnes que vous avez aperçues quand vous vous êtes glissé à bord et l'identité des autres se devine à leur costume :

1. Callum Blackstaff, directeur de banque
2. Robert Cloutier, boulanger
3. Helen Poole, gouvernante
4. Matelot de deuxième classe Donald Palmer, membre d'équipage
5. Francis McGillvray, journaliste

En écoutant leurs réponses, il est clair que seulement deux d'entre eux disent la vérité. Mais sans les connaître personnellement, il faut utiliser votre logique pour déterminer qui ment ou non. Et parmi les deux qui disent la vérité, un seul, sûrement, connaît le chemin le plus court. Cela doit avoir un lien avec ces portes mal numérotées.

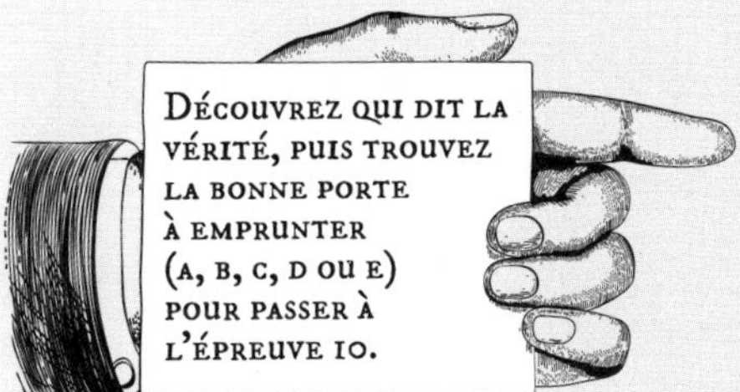

10

Sauvez l'homme qui se noie

En titubant, vous franchissez ce que vous prenez pour la bonne porte, mais au lieu d'être en sûreté, vous arrivez dans la piscine du Titanic. *Un homme tombé à l'eau se débat, incapable de nager.*

Vous n'êtes pas de nature à laisser quelqu'un dans une telle détresse, mais, obstacle de taille, vous ne savez pas nager non plus. Vous avez repéré une bouée de sauvetage, mais il vous faut un moyen de sortir le corps de l'eau. Le câble électrique de l'éclairage est tombé du plafond et peut faire office de corde. Mais il est électrifié. À côté, l'interrupteur qui peut le mettre hors tension est défectueux et est aussi électrifié.

Vous prenez un anneau en caoutchouc pour actionner l'interrupteur avant d'attacher le câble non électrifié à la bouée. Enfin, vous trouvez une serviette pour envelopper l'homme quand vous l'aurez sauvé.

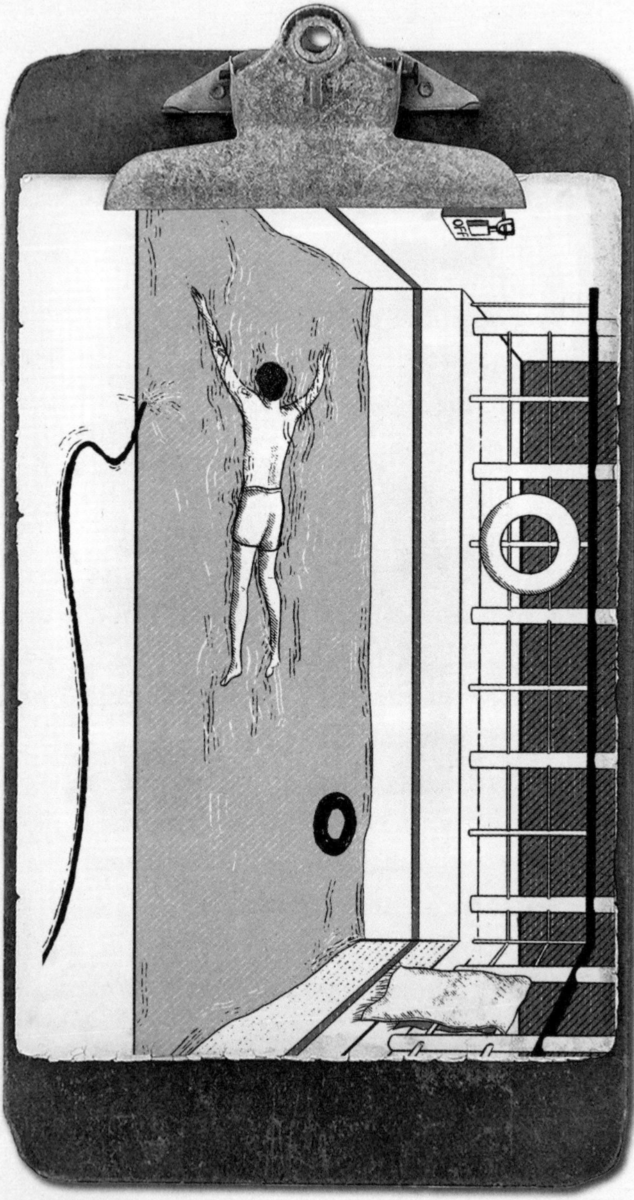
OFF

Sur le dessin de la page ci-contre, tracez trois lignes :

Une qui relie le palet à l'interrupteur.
Une qui relie la bouée au câble.
Une qui relie la serviette à l'homme qui se noie.

Les lignes ne doivent pas se croiser ni sortir du cadre de l'image.

MOTHER
DIED
9th SEPTEMBER

11

Interprétez ses tatouages

L'homme que vous avez sorti de la piscine est couvert de tatouages. Ce doit être un marin. Quoique... Il tente de vous dire quelque chose, mais l'épreuve l'a rendu incohérent.

Il désigne les motifs qui ornent son torse. S'ils prêtent un peu à confusion, vous arrivez à déduire certaines choses sur lui. Au milieu de son bavardage semi-intelligible, vous comprenez qu'il essaie de vous dire où se situe sa cabine, comme s'il s'y trouvait un moyen de s'échapper. Ses tatouages vont vous permettre de trouver où se situe cet endroit. Aidez-vous également d'un plan des deuxièmes classes sur le mur voisin...

a. Trois licornes

Qu'est-ce que cela signifie ?

A. Son nom de famille est Triplicorne.

B. Il aime les chiffres impairs.

C. Il cherche la pureté.

b. Deux bateaux qui coulent

Qu'est-ce que cela signifie ?

A. Il a vécu deux naufrages.

B. Il croit aux monstres marins.

C. Il déteste les nombres pairs.

c. Un squelette qui vomit

Qu'est-ce que cela signifie ?

A. Il est malade quand il peut voir la mer.

B. Il a peur des squelettes malades.

C. Il aime bien ce dessin.

d. Sa mère et la date de sa mort

Qu'est-ce que cela signifie ?

A. Il évite le chiffre 9.

B. Il a un grand chapeau dans sa cabine.

C. Il voyage avec son urne funéraire.

e. Un chat noir, un trèfle et un fer à cheval

Qu'est-ce que cela signifie ?

A. Il possède une ferme.

B. Il est superstitieux.

C. Il travaille avec des animaux.

Quand vous aurez déterminé quelles affirmations sont bonnes et pertinentes, vous verrez qu'une seule cabine peut être la sienne.

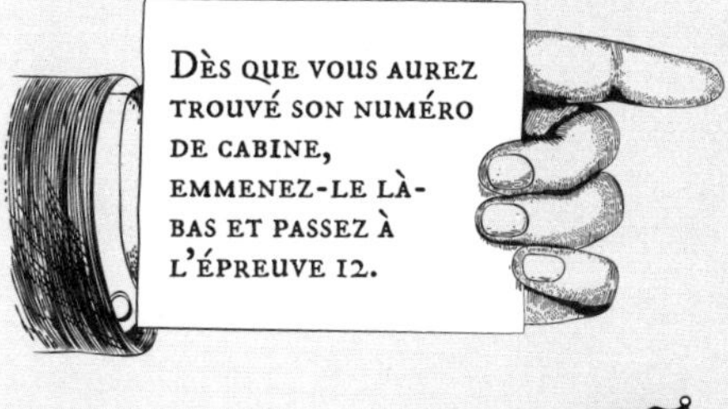

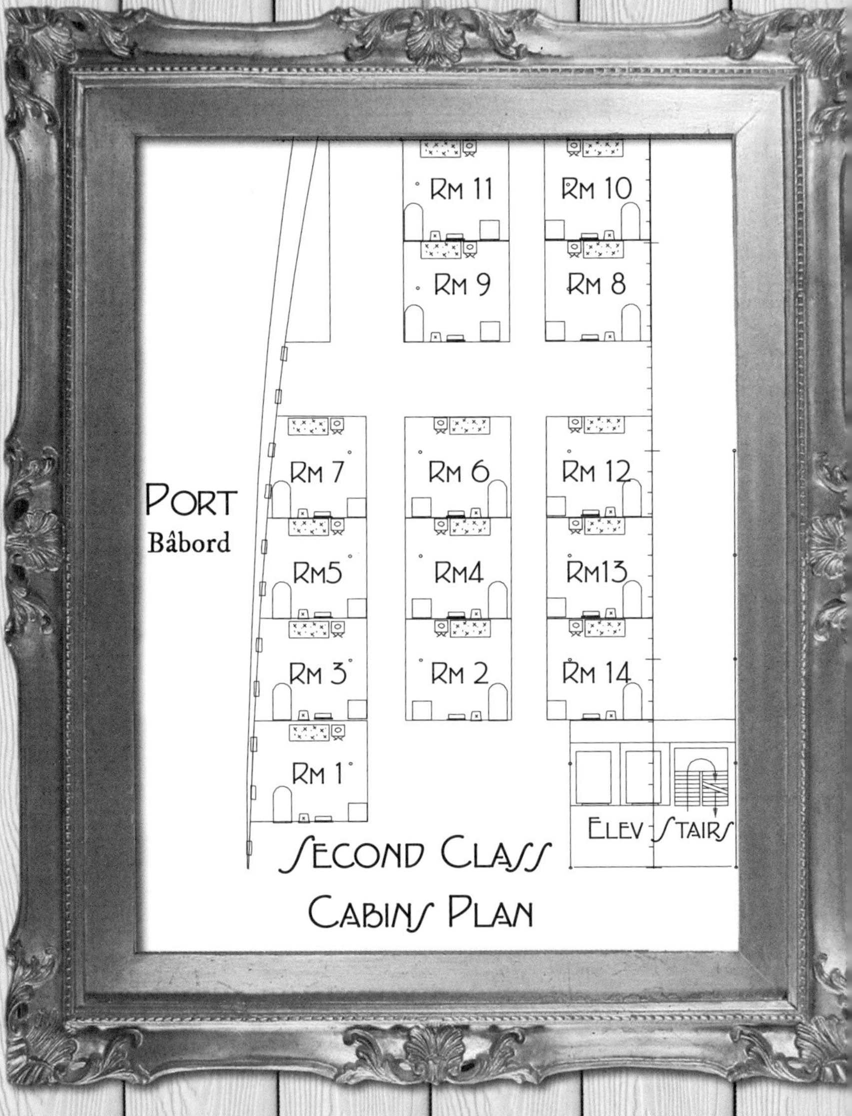
Rm 11
Rm 10
Rm 9
Rm 8
Rm 7
Rm 6
Rm 12
Port
Bâbord
Rm5
Rm4
Rm13
Rm 3
Rm 2
Rm 14
Rm 1
Elev
Stairs
Second Class
Cabins Plan

Il n'y a que quatorze cabines de deuxième classe possibles. En écartant les affirmations fausses ou inutiles sur ses tatouages, vous pouvez éliminer les mauvaises cabines et ne conserver qu'une possibilité.

CHAMBRES DE DEUXIÈME CLASSE 1-14

12

Ouvrez la trappe

En ramenant l'homme dans sa cabine, vous y remarquez tout de suite deux choses : la trappe au plafond et un grand nombre de pendules un peu partout.

Le niveau de l'eau étant assez haut dans la pièce, vous grimpez à l'échelle et tentez d'ouvrir la trappe qui est fermée par des poignées disposées sur trois de ses coins. Vous allez devoir les tourner, mais vous ignorez dans quel sens et pour combien de tours. L'homme marmonne quelque chose à propos de son journal. Il se trouve sur le bureau, ouvert à la dernière note. Il désigne aussi les pendules et la carte au mur et indique qu'elles sont aussi importantes.

Londres

New York

Le Cap

San Francisco

Madrid

Santiago

Les pendules indiquent les heures différentes dans le monde entier. L'homme doit être un horloger passionné pour les garder ainsi à l'heure à bord du vaisseau. Certaines ont plusieurs heures de retard sur l'heure du *Titanic* et d'autres sont en avance. Initialement, vous pensez qu'il veut toutes les mettre à la même heure, mais il vous est impossible d'effectuer cette tâche difficile avant que l'eau n'atteigne le plafond. C'est alors que vous comprenez que les heures sont des indices.

Titanic

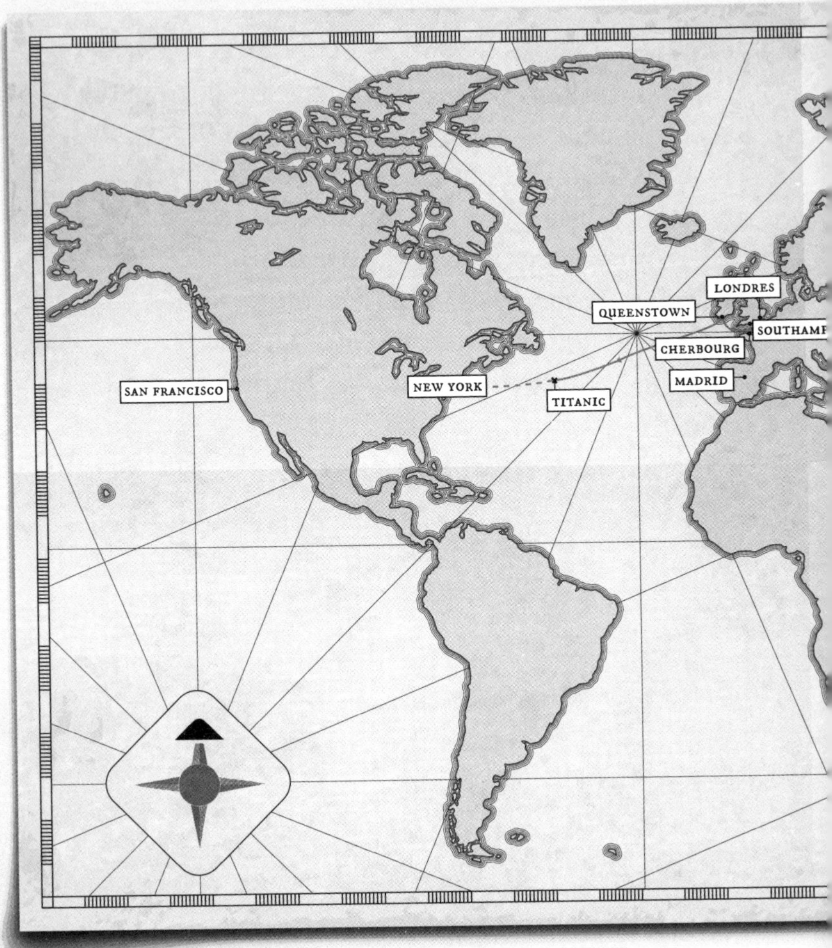

Sur le mur, la carte indique certains des lieux qu'il a visités et, dans le coin, l'image de la boussole a une forme étrange qui vous évoque quelque chose que vous avez vu. La dernière note de son journal vous éclairera peut-être sur les liens entre la carte, les pendules et la trappe.

14 avril 1912

Dès que je voyage en bateau, la pendule est réglée selon les désirs du capitaine. Dans le cas du *Titanic*, les pendules sont réglées sur le midi vrai local, redéfini chaque jour en mesurant la hauteur du soleil et en calculant l'itinéraire parcouru entre deux observations. Aujourd'hui, nous avons 2 heures et 58 minutes de retard sur l'heure GMT.

Bien sûr, le concept de temps est aussi fabriqué que la trappe de ma cabine qui m'a permis de payer moins cher un ticket de deuxième classe ou les tatouages sur mon corps. Chacun d'eux m'a permis de m'approprier un lieu, puisque je me souviens d'où je les ai faits.

Sud Kyoto : 6
Nord Londres : 4
Est Le Cap : 5
Centre Madrid : 5
Ouest Santiago : 3

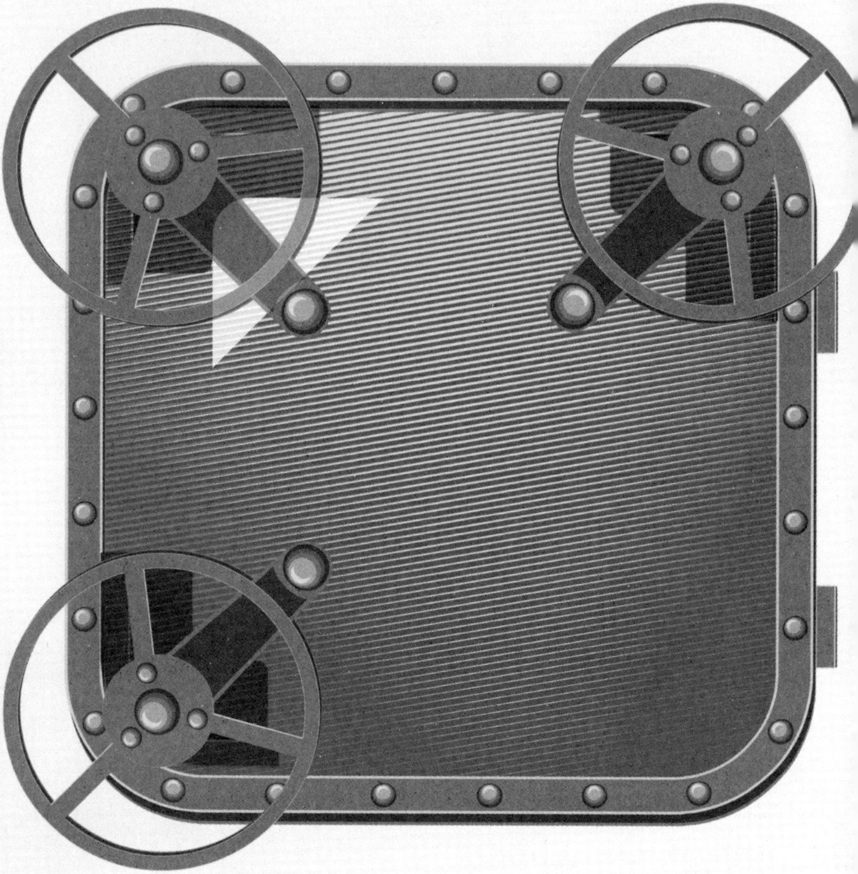

Les poignées résistent : apparemment, cette trappe n'a été conçue que pour les urgences et les propriétaires du bateau ont sans doute pensé qu'elle ne servirait jamais. Mais si vous savez dans quel sens et combien de fois les tourner, vous devriez l'ouvrir et passer à l'étage supérieur. L'homme tatoué grogne sur le lit où vous l'avez installé alors que l'eau monte encore. C'est maintenant ou jamais !

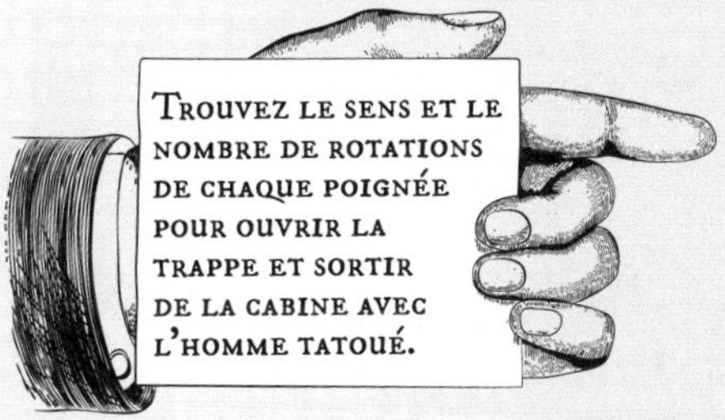

CHAPITRE 4

PONT E (SUPÉRIEUR)

13

Coupez les cheveux

Vous passez par la trappe en tirant derrière vous l'horloger tatoué. Revigoré par l'effort, il vous remercie chaleureusement avant de partir en courant.

Vous prenez la direction opposée, soulagé de voir que ce pont n'est pas inondé, et entrez par hasard dans le salon du barbier. À peine avez-vous franchi la porte qu'un homme en détresse vous rejoint. « Eh, mon pote, tu es barbier, non ? J'ai deux tickets de première classe. Je pense qu'ils nous donnent accès au pont supérieur, où nous pourrons trouver un canot de sauvetage. Mais je n'ai pas la tête de l'emploi, dit-il en montrant ses cheveux et sa barbe hirsutes. Si tu me donnes l'air d'un vrai rupin, un de ces tickets est à toi. » Vous jetez un œil autour de vous.

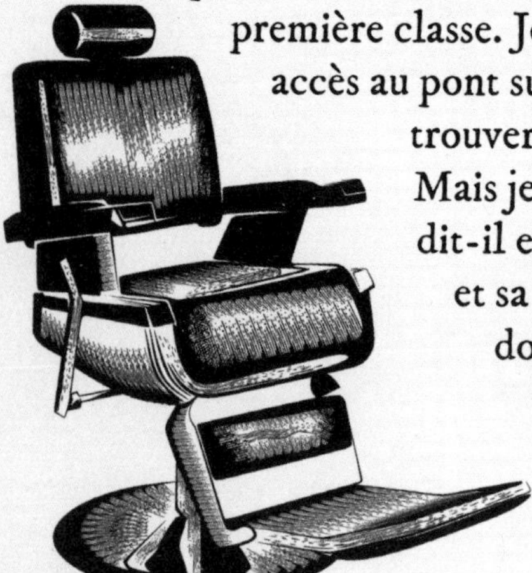

Vous pouvez le faire !

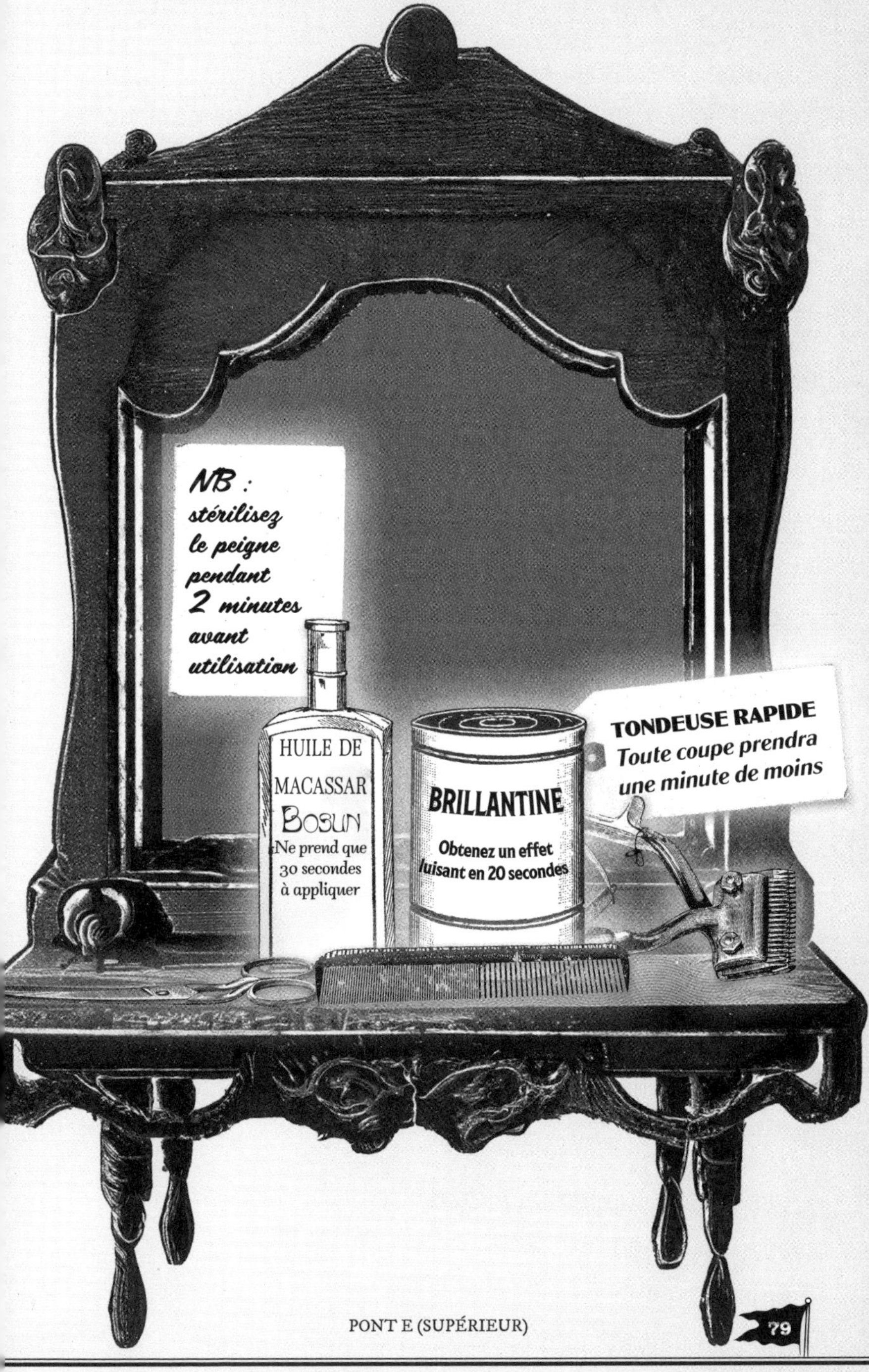
NB : stérilisez le peigne pendant 2 minutes avant utilisation
HUILE DE MACASSAR
Bosun
Ne prend que 30 secondes à appliquer
BRILLANTINE
Obtenez un effet luisant en 20 secondes
TONDEUSE RAPIDE
Toute coupe prendra une minute de moins

Vous ne savez pas couper les cheveux. Vous avez taillé les poils de votre chien le jour où il est tombé dans un buisson d'ajoncs, ce qui ne vous est d'aucune utilité. Mais ce ticket pourrait vous aider. Par chance vous trouvez un livre intitulé *Manuel du barbier de F.P. Benshaw*. Vous cherchez une coupe facile qui va :

a) lui permettre de passer inaperçu en première classe ;
b) être la plus rapide à faire.

Vous êtes dans un bateau qui coule, le temps vous manque et l'expression paniquée de l'homme suggère qu'il est de votre avis. Sur la couverture du livre, vous voyez le matériel nécessaire et, heureusement, tout se trouve devant le miroir. Vous montrez la page des coupes de cheveux rapides, l'homme y jette un œil et dit que tout lui convient.

MANUEL DU BARBIER
DE F.P. BENSHAW
TONDEUSE
PEIGNE
BRILLANTINE
F.P. BENSHAW
CISEAUX
MAGASSAR

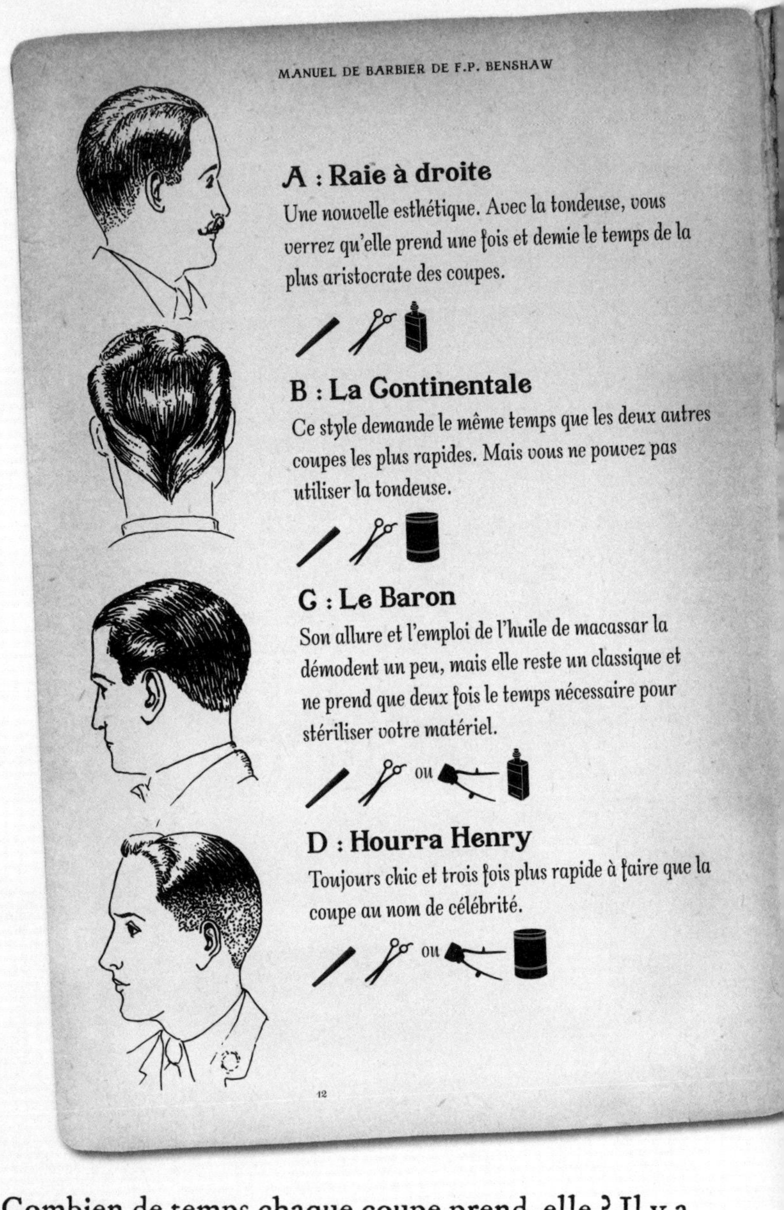

MANUEL DE BARBIER DE F.P. BENSHAW

A : Raie à droite

Une nouvelle esthétique. Avec la tondeuse, vous verrez qu'elle prend une fois et demie le temps de la plus aristocrate des coupes.

B : La Continentale

Ce style demande le même temps que les deux autres coupes les plus rapides. Mais vous ne pouvez pas utiliser la tondeuse.

C : Le Baron

Son allure et l'emploi de l'huile de macassar la démodent un peu, mais elle reste un classique et ne prend que deux fois le temps nécessaire pour stériliser votre matériel.

ou

D : Hourra Henry

Toujours chic et trois fois plus rapide à faire que la coupe au nom de célébrité.

ou

12

Combien de temps chaque coupe prend-elle ? Il y a une foule d'indices dans les descriptions...

E : David l'élégant

Semble compliquée, mais avec la tondeuse, elle est un tiers plus rapide à faire que la coupe qui prend le plus de temps.

F : Bonjour Georges

Étonnamment, elle prend cinq fois le temps de la coupe la plus internationale, même en utilisant de la brillantine.

G : Le Paon

Deux fois plus rapide à effectuer que la coupe la plus latéralisée. Idéale pour se faire remarquer !

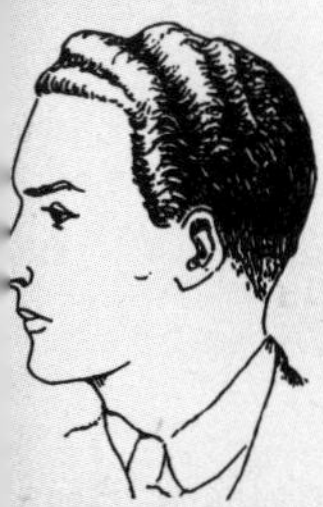

H : Simple Caruso

Si vous utilisez la tondeuse, cet hommage au ténor mondialement connu prendra trois fois le temps du Paon. Il prend autant de temps que le style David l'élégant.

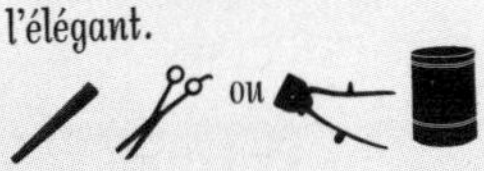

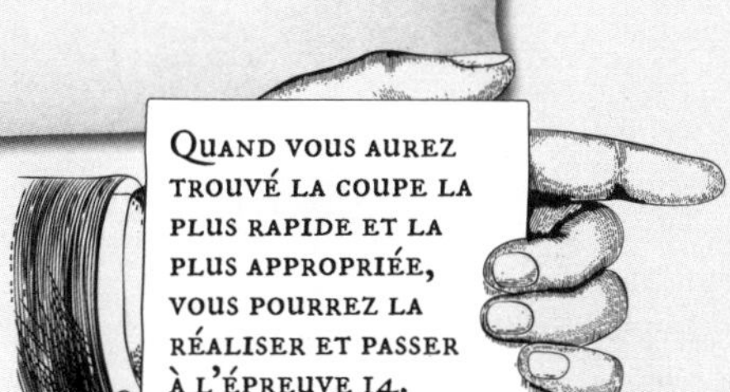

QUAND VOUS AUREZ TROUVÉ LA COUPE LA PLUS RAPIDE ET LA PLUS APPROPRIÉE, VOUS POURREZ LA RÉALISER ET PASSER À L'ÉPREUVE 14.

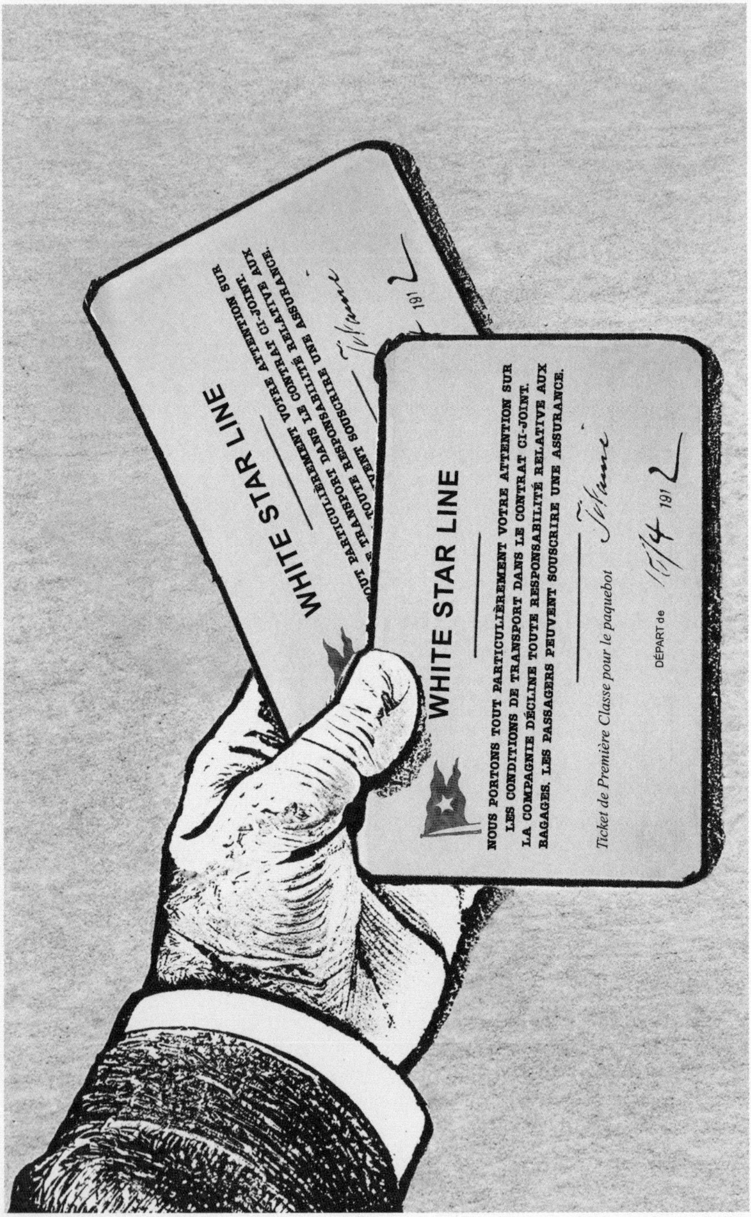
WHITE STAR LINE
WHITE STAR LINE
NOUS PORTONS TOUT PARTICULIÈREMENT VOTRE ATTENTION SUR
LES CONDITIONS DE TRANSPORT DANS LE CONTRAT CI-JOINT.
LA COMPAGNIE DÉCLINE TOUTE RESPONSABILITÉ RELATIVE AUX
BAGAGES. LES PASSAGERS PEUVENT SOUSCRIRE UNE ASSURANCE.
Ticket de Première Classe pour le paquebot
DÉPART de
191

14

Évitez la lumière

Dès que la coupe de cheveux est terminée et semble convaincante, vous sortez en courant du salon avec les tickets.

Devant vous, deux stewards gardent le couloir et tentent d'empêcher la foule de se ruer vers les canots de sauvetage. Les éclairages clignotent de manière inquiétante. Avec assurance, vous montrez vos tickets à l'un deux. Il les examine avec attention et vous lance un regard furieux. « Ils sont faux ! » crie-t-il. Votre compagnon de fortune s'enfuit aussitôt.

L'autre steward bondit vers vous, mais vous lui échappez pour vous engouffrer dans un couloir voisin. Plutôt que de vous poursuivre, il monte la garde au centre et attend que vous réapparaissiez.

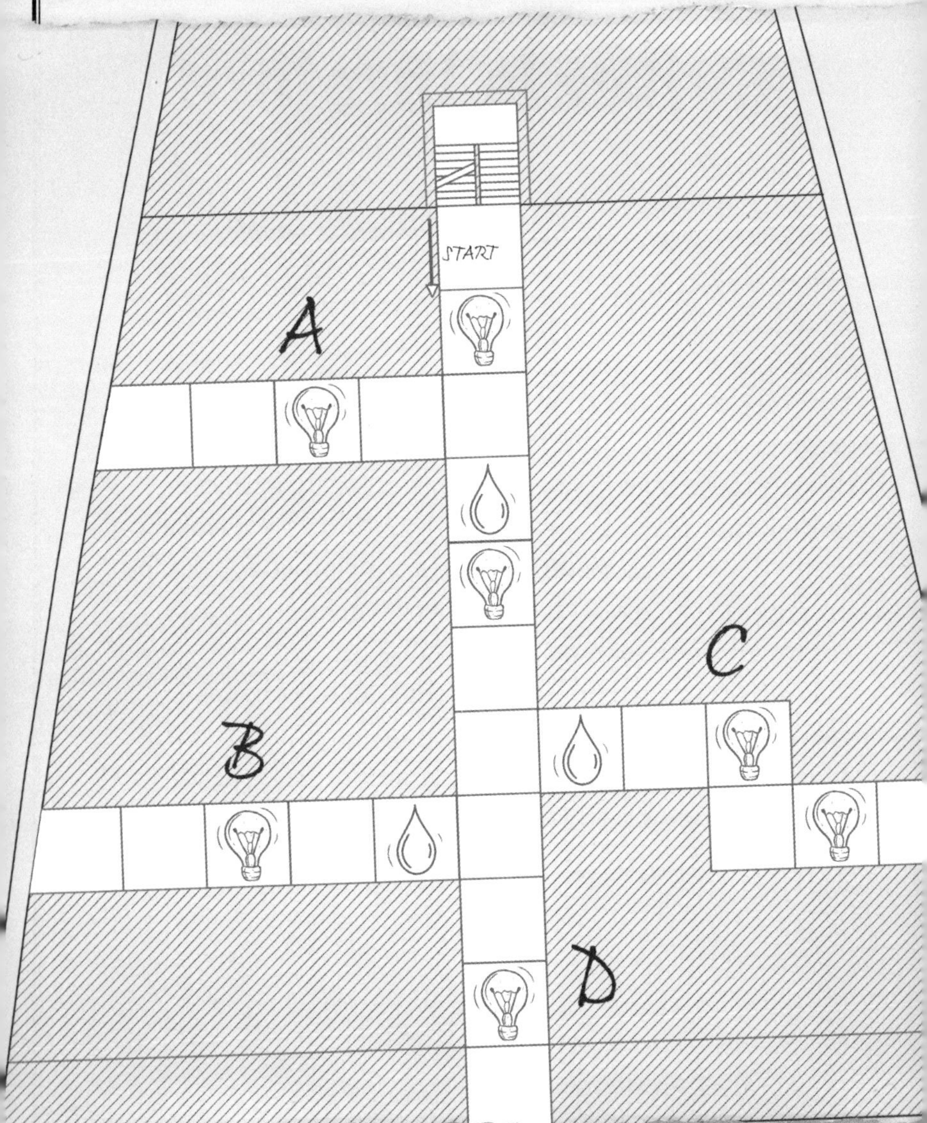
START
A
B
C
D

Allumé. Éteint. Allumé. Éteint. L'éclairage change chaque seconde et clignote avec un rythme de métronome. Vous pouvez profiter de l'obscurité pour vous glisser dans un couloir sans être vu, mais si vous vous trouvez sous une ampoule quand la lumière revient, le steward va aussitôt vous attaquer. Il vous faut une seconde pour faire un pas et deux secondes dans les zones où l'eau s'est infiltrée. Trouvez quel couloir – A, B, C ou D – vous permettra de vous échapper. Vous partez de la première zone au début du couloir et non pas des escaliers. Toutes les lumières sont allumées. Vous devez absolument avancer.

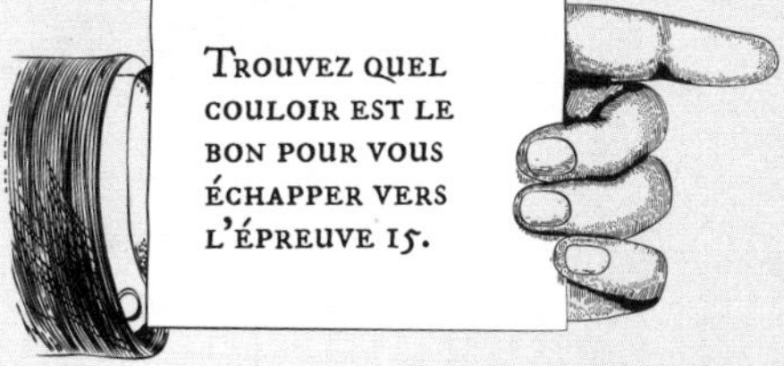

15

Trouvez le bon air

Par miracle, vous avez échappé à l'arrestation. Votre cœur bat la chamade, à moins que ce ne soit le bruit du bateau qui se brise ?

Aux abois, vous fouillez les cabines de deuxième classe abandonnées et remarquez un objet étrange. Un violoncelle ! Vous pouvez peut-être vous faire passer pour un musicien... Vous avez entendu dire qu'il y a deux orchestres à bord. Si vous ne savez pas jouer, vous êtes prêt à bluffer. La chance vous sourit : dès que vous prenez le violoncelle, vous voyez un groupe de musiciens courir dans le couloir.

Ils se dirigent vers le pont supérieur et vont jouer pour les passagers de première classe, dans l'espoir de maintenir le calme.

« Ton visage ne me dit rien », murmure un des violonistes.

« J'ai été engagé comme remplaçant, répondez-vous, mais je n'ai pas été appelé. »

« Très bien. Viens. Nous devons trouver l'autre violoniste », dit-il en partant.

Comme vous pensez passer plus facilement inaperçu au milieu d'autres musiciens, vous les suivez et espérez vous éclipser avant de devoir jouer. L'un d'entre eux vous tend un bout de partition déchirée.

« Regarde », vous glisse-t-il à l'oreille avant de s'enfuir en courant.

« Quel homme étrange, dit le violoniste. Je crois qu'il faisait semblant d'être musicien... »

« Terrible », dites-vous nerveusement.

« C'est étrange », remarque-t-il en regardant le bout de papier. « Ça ferait un sacré boucan si on tentait de jouer ça. »

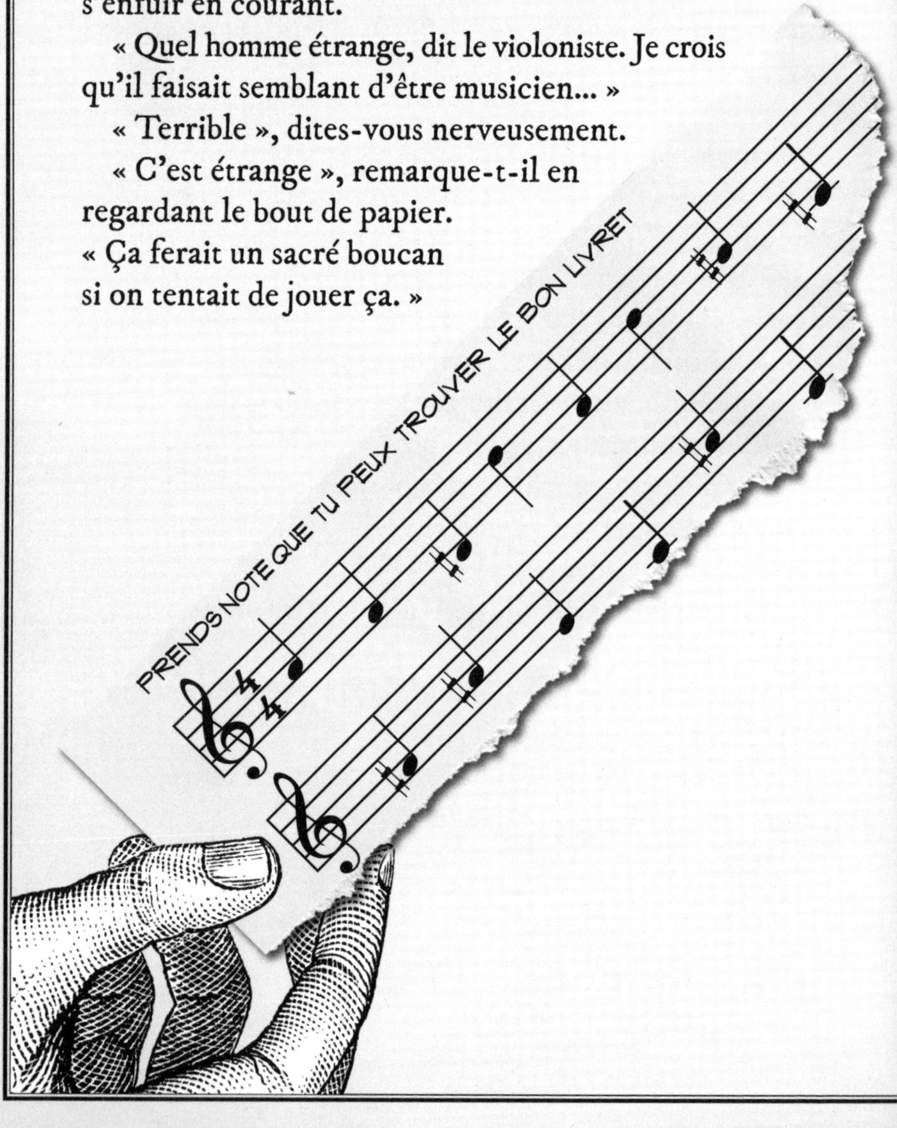

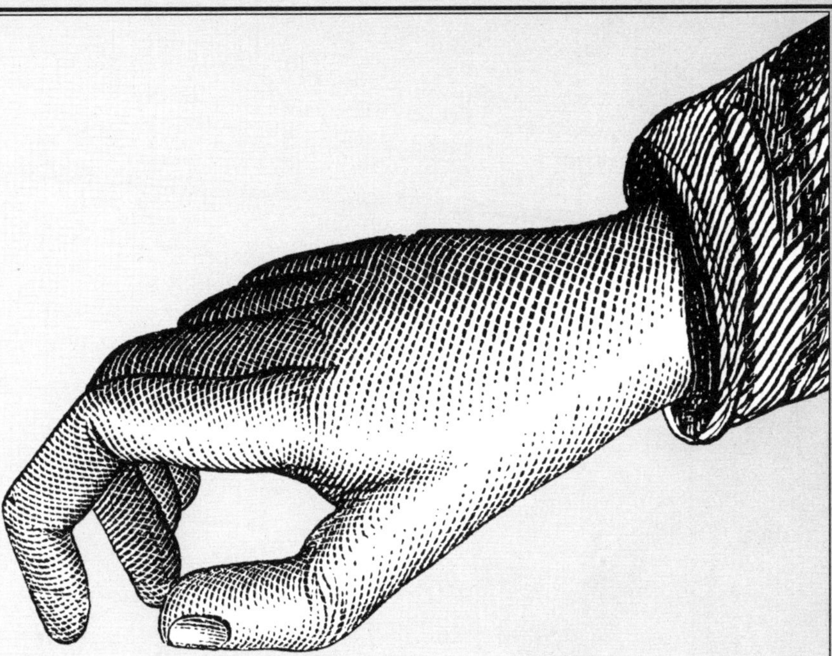

Vous réalisez soudain que l'écriture en haut de la feuille est celle de votre vieil ami, William Bailey. Est-ce lui que vous venez de croiser ? Pourquoi vous a-t-il donné cela ?

Valse
Septembre
Par
Felix Godin
Maple Leaf Rag.
No 1 in F
No 2 in G
Dedicated to and Sung by
Miss Ada Crossley
Nearer, my God, to Thee

« Nous allons jouer quelques morceaux, dit le violoniste en vous montrant trois partitions. Ce drôle de gars nous les a données. J'y ai jeté un œil et elles semblent correctes, même s'il y a aussi des gribouillages dessus... » Votre ami tente-t-il de vous envoyer un message de façon détournée, selon son habitude ?

Peut-être que les notes sont codées, comme les mots cryptés de la carte qu'il vous a donnée, et qu'elles désignent une des trois partitions : *Maple Leaf Rag*, *Valse Septembre* ou *Nearer My God to Thee* ? Vous tentez de compter le nombre de notes pour voir s'il correspond aux lettres dans les titres, ce qui est difficile avec cette page déchirée. Comme vous ne savez pas lire le solfège et que vous ignorez le nom des notes, vous devez faire appel à votre logique pour résoudre l'énigme. Vous remarquez que certaines des notes sont les mêmes, ce qui pourrait vous aider à trouver un motif et le nom du morceau.

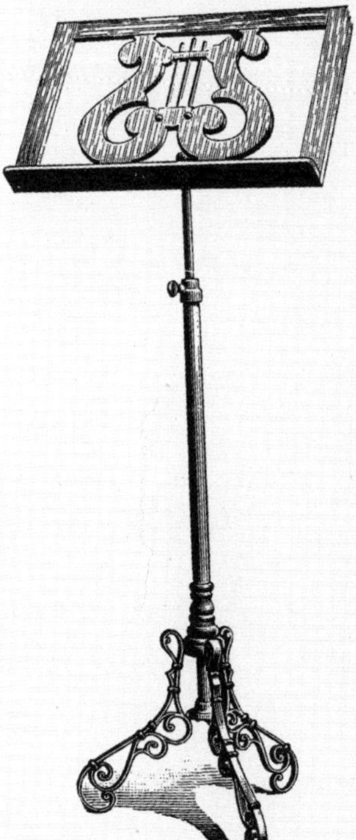

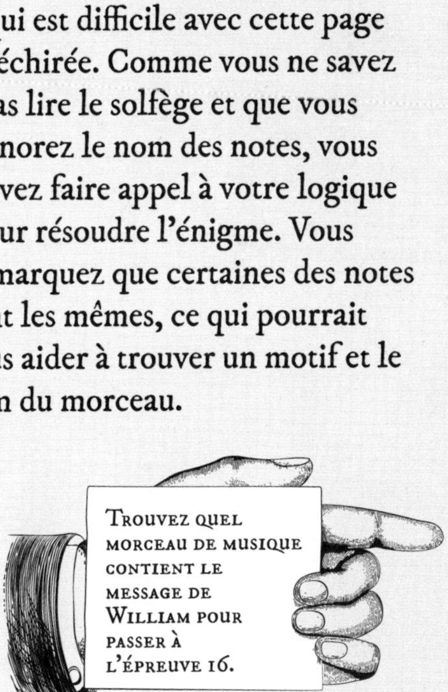

16

Répondez aux questions

Dans la partition, vous trouvez un message vous fixant un lieu de rendez-vous sur le pont C. Vous espérez réussir à aller aussi loin.
Un peu plus loin, le musicien à côté de vous remarque une silhouette approchant et lance : « Tiens voici l'autre violoniste. Nous l'avons rencontré il y a cinq minutes. »
Vous reconnaissez cette allure menaçante.
C'est Sharp ! Le vaurien qui vous a laissé pour mort plus bas sur le pont G !

Il tient un violon et vous adresse son sourire le plus sournois. Vous vous retenez pour ne pas l'apostropher ou l'empoigner, conscient qu'il peut dévoiler votre identité. Vous lui adressez cependant un regard noir.

Il rejoint le groupe et vous lui glissez au passage : « Tu m'as piégé, j'ai failli me noyer ! »

« Et pourtant te voilà, murmure-t-il, l'air de rien. Tu es sans doute plus malin que je le pensais. Assez pour savoir que si tu me dénonces, j'en ferai autant. »

Il a raison. Vous êtes contraints de collaborer pour l'instant. « Mais tu risques encore plus d'ennuis là-haut, sauf si ton histoire tient la route. » Son ton est sérieux. « Tu vas devoir convaincre l'équipage qui garde les escaliers et les couloirs que tu es un vrai passager. On me dit rusé... Et toi ? »

Il commence à vous poser des questions sur le bateau et la traversée et ajoute que vous devez connaître ces informations si vous voulez passer pour un honnête voyageur. Vous soupçonnez qu'il s'agit d'une de ses blagues cruelles, mais vous n'avez pas d'autre choix que de répondre !

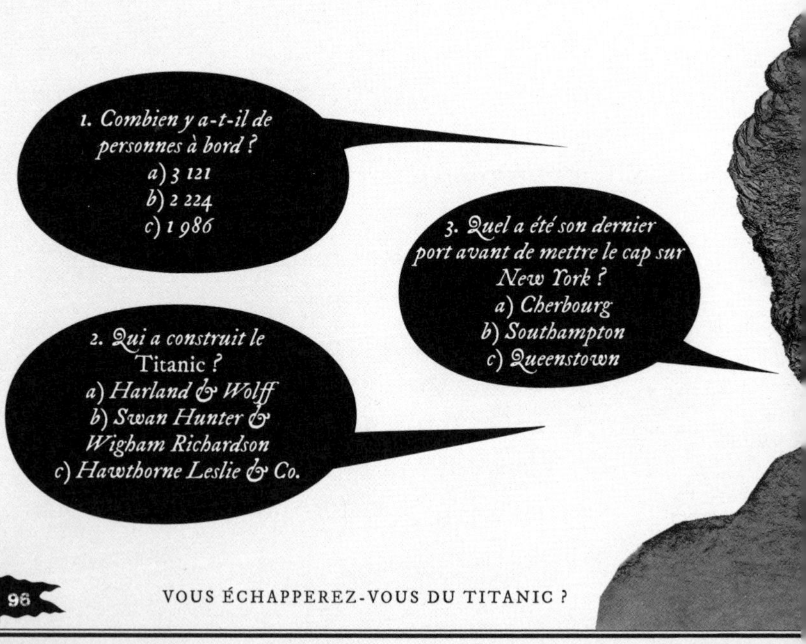

4. *Le* Titanic *a heurté un iceberg.*
De quoi est fait un iceberg ?
a) De roche
b) De glace
c) De burgers

7. *Qui est le capitaine du bateau ?*
a) Edward Smith
b) James Hook
c) Il n'y a pas de capitaine.

5. *Dans quel sens sert-on le porto au dîner ?*
a) Par la gauche
b) Par la droite
c) Par l'avant

8. *Quel est mon prénom ?*
a) James
b) Philip
c) Inconnu

6. *Comment appelle-t-on la reine si on la rencontre ?*
a) La reine Mary
b) La reine Victoria
c) Votre Majesté

9. *À laquelle de ces questions ne peut-on pas répondre ?*
a) 8. Car il n'a pas de prénom.
b) 5. Car il n'y a pas de porto au dîner.
c) 1. Car le nombre de clandestins est inconnu.

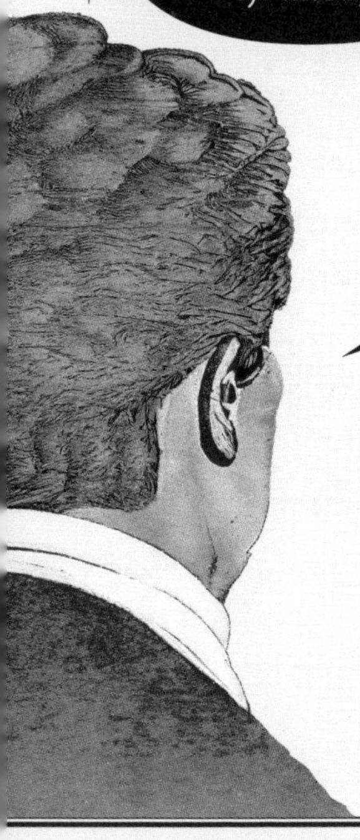

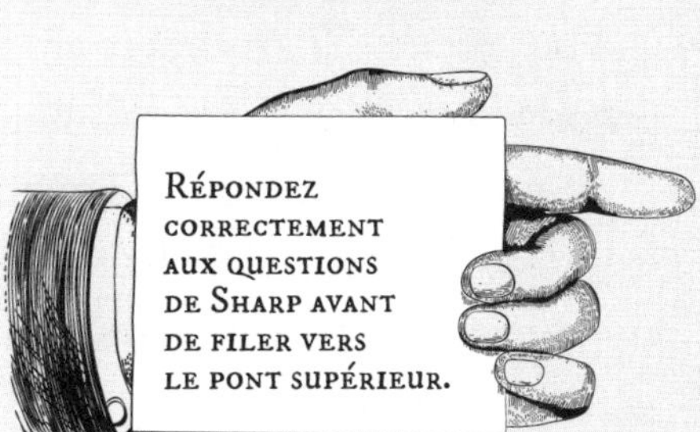

Répondez correctement aux questions de Sharp avant de filer vers le pont supérieur.

CHAPITRE 5

PONT D (SALON)

17

Préparez un cocktail

Vous courez dans l'escalier jusqu'au pont D, accompagné par l'odieux Sharp. Soudain, vous vous retrouvez dans le salon de première classe. Le bateau commence à produire des grondements et des grincements terrifiants. Si certains passagers paniquent, d'autres semblent résignés.
Dans un fauteuil, un gentleman à l'air sinistre fume un cigare comme si de rien n'était.

Sharp vous pousse pour s'adresser au gentleman.

« M. Demone, voici un serveur qui va vous préparer un cocktail pendant que nous vous réservons une place dans un canot de sauvetage. »

Vous prenez Sharp à part et lui murmurez que vous ignorez tout de la préparation des cocktails.

Il sourit avec cruauté. « Peu importe. Va dans la réserve à côté du fumoir et débrouille-toi. Je m'occupe du reste et tu pourras partir de ton côté. À moins que tu préfères que je te dénonce ? »

Comme vous n'avez pas le choix, vous demandez à Demone ce qu'il désire. Il vous toise.

« Servez-moi un des cocktails du menu. Vite. Et n'essayez pas de me berner avec n'importe quelle mixture – je veux un vrai cocktail. »

Vous regardez Sharp. « Voici les cocktails du jour », glisse-t-il en vous tendant une feuille.
Vous lisez les recettes en vous dirigeant vers la réserve et décidez de préparer le cocktail le plus simple avec les ingrédients disponibles.

Recettes de cocktails

Old Fashioned

- 2 c. à café de sirop de sucre
- 1 ou 2 traits d'Angostura Bitters
- 1 trait d'eau
- 5 cl de scotch whisky ou de bourbon
- eau gazeuse (optionnel)
- 1 rondelle d'orange
- 1 cerise au marasquin (optionnel)

Tuxedo

- 1 trait de marasquin
- 1 trait d'absinthe
- 2 traits d'orange bitter
- 3 cl de gin
- 3 cl de dry vermouth

Gibson

- 6 cl de gin
- 2 cl de dry vermouth
- 1 petit oignon blanc

Tom Collins

- 1 trait d'eau pétillante
- 5 cl de gin
- 3 cl de jus de citron frais
- 1,5 cl de sirop de sucre
- 1 tranche d'orange/ cerise au marasquin en garniture

AB
A
B
C
D
E
F
G
H
I
J

En arrivant dans la réserve, vous constatez que les bocaux de fruits et légumes sont brisés au sol et que les étiquettes des bouteilles sont devenues illisibles. Comment savoir laquelle est laquelle ? Il y a un citron sur l'une d'elles : ce doit être le jus de citron. Et vous pouvez distinguer les lettres AB comme Angostura Bitters sur une autre. Au fond du placard, vous trouvez une petite carte avec un symbole pour chaque bouteille. Vous pouvez vous en servir pour les identifier : les symboles sont liés aux caractéristiques de chacune des bouteilles.

Finalement, vous ne pouvez faire qu'un seul cocktail...

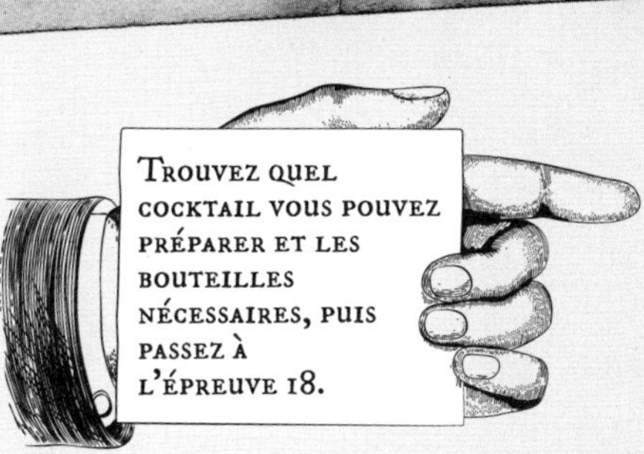

Trouvez quel cocktail vous pouvez préparer et les bouteilles nécessaires, puis passez à l'épreuve 18.

18

Retournez la situation

Vous allez servir le cocktail à M. Demone mais Sharp vous prend par le bras et vous entraîne dans un coin.
Il sort un petit flacon et s'apprête à verser quelques gouttes de liquide dans le verre que vous tenez hors de sa portée.

« Est-ce du... poison ? » demandez-vous, furieux.

Sharp lève les yeux au ciel. « C'est un somnifère. Au pire, il sera un peu fatigué. » Vous secouez la tête. « Sur un bateau qui coule ? C'est une condamnation à mort ! »

Sharp jette un regard nerveux autour de lui. « Moins fort ! Mel Demone est un sale type et le monde tournerait mieux sans lui. Mais tu préfères peut-être que je te le présente ? Je suis sûr qu'il serait ravi de rencontrer un clandestin... »

Vous réfléchissez.

Puis, d'un geste rapide, vous jetez le verre au sol où il se fracasse. Vous êtes peut-être un clandestin, mais pas un meurtrier !

Sharp vous lance un regard haineux. Cette fois, vous avez été plus malin que lui, mais il n'a pas dit son dernier mot. Il empoigne Demone par le bras et vous accuse d'avoir voulu l'empoisonner.

Tout le monde se retourne. Demone se lève et appelle ses gardes du corps. Sharp profite du désordre pour prendre la fuite et vous adresse un sourire perfide alors qu'il sort à toute vitesse.

Vous allez devoir courir, mais à cet instant, le bateau penche et toutes les lumières s'éteignent dans le salon. Comment allez-vous localiser la porte ?

Vous trouvez ce qui ressemble à un plan, à peine visible à la lueur du clair de lune. C'est une grille de 10 × 15 montrant l'emplacement des tables, mais elle est vierge ! Cependant, vous pouvez déterminer où elles sont placées en regardant les numéros sur les côtés de la grille.
Ils indiquent combien il y a de tables accolées dans chaque rangée et chaque colonne. Chaque nombre correspond donc à un groupe de tables séparé d'un espace d'au moins une case d'un autre groupe : remplissez la grille...

			2	2	2	2	2	2		
	7	9	2	2	2	2	2	2		7
	2	3	2	2	2	2	2	2	15	5
8										
10										
2 2										
2 2										
2 2										
2 2										
2 2										
10										
8										
2										
2										
2										
2 2										
10										
8										

	1 1	2 1	3 1	1 6	1 10	1 1 6	1 10	1 1 6	1 10	1 1 6	1 10	1 1 6	1 5	1 5	3 1
1 1 1 1 1															
1 1 1 1 1															
1 1 1 1 1															
1 1 1 1															
1 1 1 1															
1 1 1 1															
1 1 1 1															
?															
15															
14															
13															
10															
15															
0															
0															

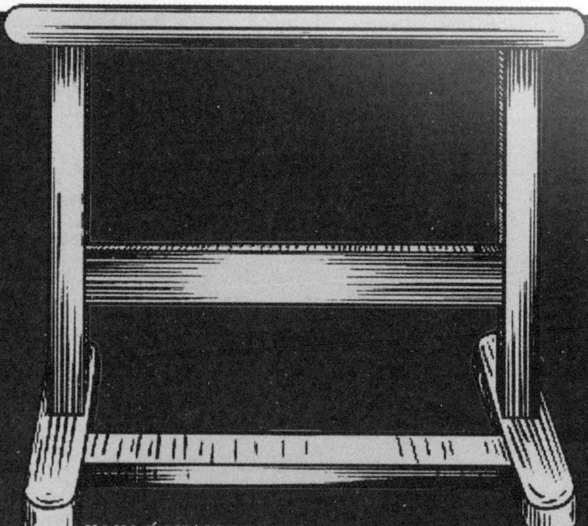

Alors que vous déduisez l'emplacement des tables, l'image qui émerge vous fait comprendre qu'il ne s'agit pas du plan de salle. À cet instant, vous remarquez une autre grille fixée sur un tableau voisin. Elle est aussi vierge et cette fois il manque un élément clé pour l'interpréter. Cela doit être le vrai plan de table, mais le premier va vous aider à découvrir le second. Vous vous souvenez d'avoir vu un avis disant que les tables avaient été disposées selon une configuration particulière pour célébrer le voyage inaugural du *Titanic*. Cela peut s'avérer utile.

19

Trouvez un ami

Alors que vous franchissez la porte, vous découvrez que vous êtes enfin au pied du Grand Escalier. Malgré l'urgence, vous admettez qu'il est impressionnant. Un groupe de stewards guide les passagers de première classe vers les canots de sauvetage. Ils essaient de privilégier les femmes et les enfants, mais dans la confusion, ils prennent le plus de monde possible.

« Vivian ! Par ici ! » crie quelqu'un. Un membre d'équipage vous aperçoit et vous aborde.

« Vous n'êtes pas un serveur ! s'écrie-t-il. Pourquoi portez-vous cette tenue ? »

Avec nervosité, vous répondez que vous avez été embauché à la dernière minute. Il devient rouge de colère.

« Je suis le commissaire de bord et je connais chaque membre de l'équipage. »

C'est un coup dur.

Il vous fusille du regard et la foule se met à vous observer. Vous n'avez pas une seconde à perdre.

Soudain, un détail vous revient en tête. Vous avez lu que Vivian Ducksbury-Bail, philanthrope autoproclamé, a écrit une série de lettres au *Times* disant qu'il aiderait tout passager clandestin à bord. Si vous pouvez identifier Vivian dans la foule, c'est un coup de poker qui mérite d'être tenté.

Lundi 8 avril

Monsieur,

Dans quelques jours, j'embarquerai pour la traversée inaugurale du *Titanic* et compte profiter du voyage pour instruire les autres passagers.

Je ne retirerai pas mon chapeau, fait par une pauvre modiste de Spitalfields, même s'il cache ma coupe très courte, l'œuvre d'un barbier défavorisé de Bow. Je ne sourirai pas en première classe. Et si vous me voyez pleurer, ce sera de pitié pour la condition de l'ouvrier et non en raison d'une très forte rhinite estivale – si extrême que je ne puis même pas contempler une fleur.

Oui, je serai à bord et dussé-je rencontrer un passager clandestin, je volerais à son aide.

Bien à vous,

Vivian Ducksbury-Bail

Lundi 10 avril,

Monsieur,

J'ai été irrité de constater qu'à côté de votre article édifiant sur la construction en cours du *Titanic* se trouvait un laïus fustigeant les pauvres. J'ai ajusté mes lunettes dans l'espoir d'avoir mal lu, mais ce n'était pas le cas !

Ne voyez-vous pas que nous sommes ensemble dans ce bateau qu'est la vie, même si certains sont en troisième classe, voire sont passagers clandestins en soute ?

Souvenons-nous que le chapeau melon arboré par les gentlemen de la Cité de Londres fut un jour le couvre-chef favori de l'honnête Irlandais. Dans les années 1600, le nœud papillon fut porté par les nobles Croates ! Même mes longs cheveux démodés, associés aux chevaliers, furent aussi le style de l'ascète ou de l'ermite. Sans l'ouvrier, il n'y aurait pas de *Titanic* !

Bien à vous,

Vivian Ducksbury-Bail

Malgré tous les indices que ces lettres contiennent, celles-ci semblent se contredire et il est difficile de savoir à quoi ressemble Vivian Ducksbury-Bail ou même s'il s'agit d'un homme ou d'une femme.

1
2
3
4
5
6
7
8
9
10
11
12
13
14
15
16
17
18
19
20
21
22
23
24
25
26
27
28
29
30

Dans une lettre, l'auteur dit qu'il a les cheveux coupés courts, et dans l'autre, que ses cheveux sont longs. Si vous arrivez à déterminer laquelle a été écrite en premier, vous pourrez peut-être établir une description actualisée de son allure.

Il y a trente personnes dans la pièce. Par un processus d'élimination, vous devriez trouver qui est Vivian Ducksbury-Bail, à condition d'avoir noté la bonne description.

Faites vite. La foule commence à vous pointer du doigt et la seule personne qui puisse vous aider est Vivian Ducksbury-Bail !

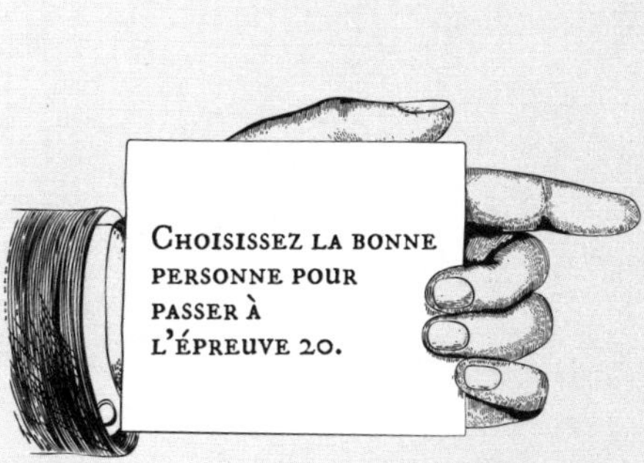

20

Aidez le docteur

Vous faites un signe à Vivian Ducksbury-Bail et parvenez à mimer que vous êtes un passager clandestin. Aussitôt, il s'approche du commissaire de bord et lui assure que vous êtes son steward personnel. À contrecœur, le commissaire vous laisse passer avec un petit groupe. Une vieille dame qui se dirige vers l'escalier trébuche et tombe. Sa jambe est cassée ! Un homme se précipite. Apparemment, c'est un docteur.

« Ce n'est pas beau... Si seulement j'avais mon sac. Je vais devoir faire de la médecine de guerre. » Il se tourne vers vous et vous ordonne de trouver ces objets auprès des personnes présentes :

- un long bout de bois pour servir d'attelle ;
- une écharpe pour fixer l'attelle ;
- des pansements ;
- de l'eau pour nettoyer la plaie ;
- de l'alcool – pour soulager la blessée.

Les numéros des objets sont :

Attelle	☐	*Écharpe*	☐
Pansements	☐	*Eau*	☐
Alcool	☐		

Maintenant que vous connaissez l'emplacement des objets demandés, vous devez trouver comment les atteindre. En regardant autour de vous, vous constatez que le mobilier déplacé et les passagers en panique vous ont laissé des chemins limités. Vous devez trouver celui qui vous mènera aux cinq éléments et aux personnes qui les ont.

Vous vous souvenez de la foule de l'énigme précédente. Faufilez-vous dans le labyrinthe de meubles, caisses, valises et personnes. Si quelqu'un est aimable (souriant), il vous laissera passer, mais si ce n'est pas le cas, trouvez un autre chemin.

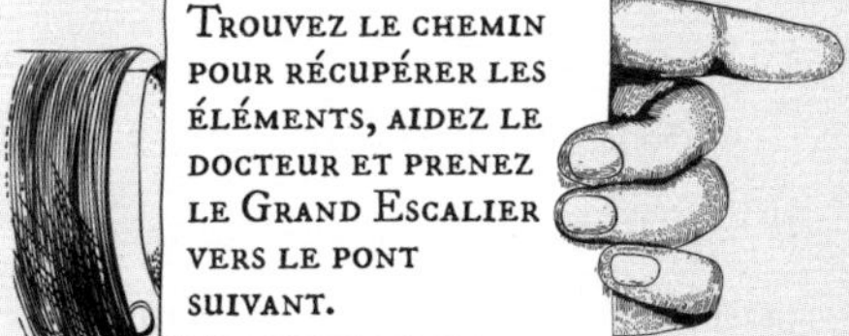

CHAPITRE 6

PONT C (CABINES)

— 21 —

Conduisez-la à sa chambre

En accompagnant la femme dans le Grand Escalier, vous êtes conscient que le bateau tangue, comme les gens qui paniquent autour de vous. Quelle chance avez-vous de trouver un canot de sauvetage ?

Comme si elle lisait dans vos pensées, la femme murmure : « Je sais que vous êtes un clandestin. Je vous ai vu parler à Vivian... Il semblait ravi de vous aider. Et, moi aussi, je veux vous venir en aide. Je m'appelle Clemmie Finsdale. Je vous ferai monter dans un canot. Vous serez mon assistant. »

Vous n'en croyez pas vos oreilles. « Mais, poursuit-elle, vous devez d'abord aider un de mes amis. » Votre sourire se fige.

« Nous sommes montés à bord ensemble, mais, comme il est malade, il refuse de quitter sa cabine. Aidez-moi à le convaincre de fuir et je vous ferai quitter ce bateau. »

Vous remontez le couloir, avec Clemmie appuyée sur vous. Alors qu'elle vous explique que son ami est le célèbre archéologue Myron Nithercott, le centre de gravité du bateau change brusquement. Vous la lâchez presque.

Vous peinez à garder votre équilibre durant ces embardées violentes et vous perdez un temps précieux.

« Et si nous utilisions ces sacs en guise de balancier ? suggère-t-elle. Je peux en tenir un avec mon bon bras et vous en prenez un de l'autre côté. Mais ils doivent avoir le même poids. » Vous rassemblez vite quelques objets que vous répartissez de manière égale.

Bras dessus, bras dessous, chacun portant un sac, vous titubez de quelques pas avec Clemmie. Mais les

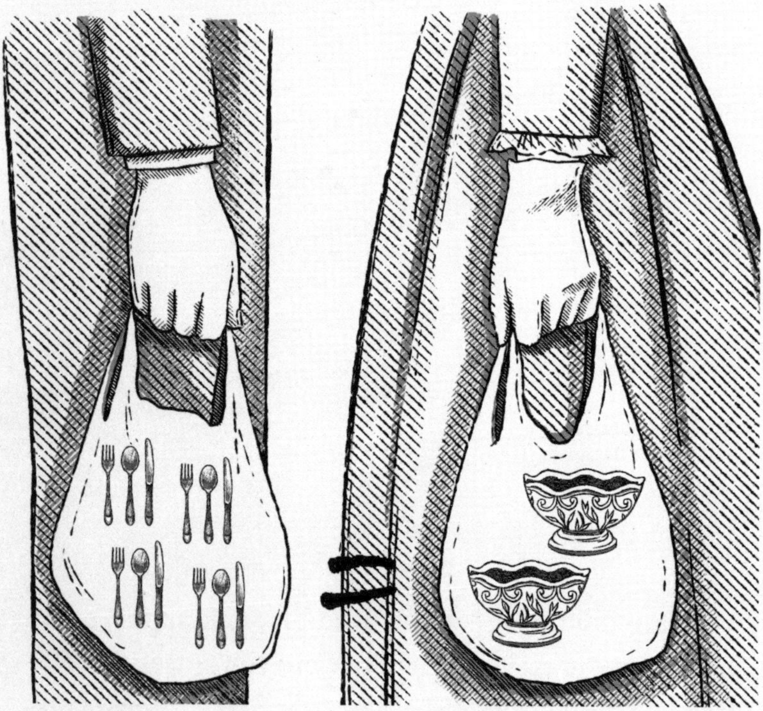

Quatre sets de couverts = deux bols en argent.

sacs ne sont pas assez lourds et déversent rapidement leur contenu. Vous récupérez certains objets et décidez d'utiliser deux chandeliers en argent afin de vous lester.

« J'ai le sentiment que ce n'est pas l'usage auquel ils étaient destinés », grogne Clemmie, grimaçant de douleur.

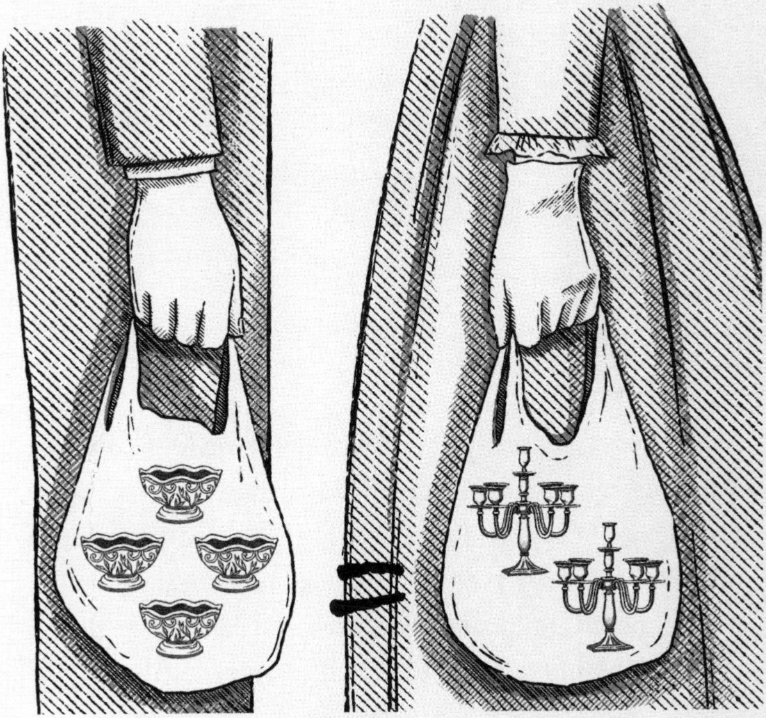

Quatre bols en argent = deux chandeliers.

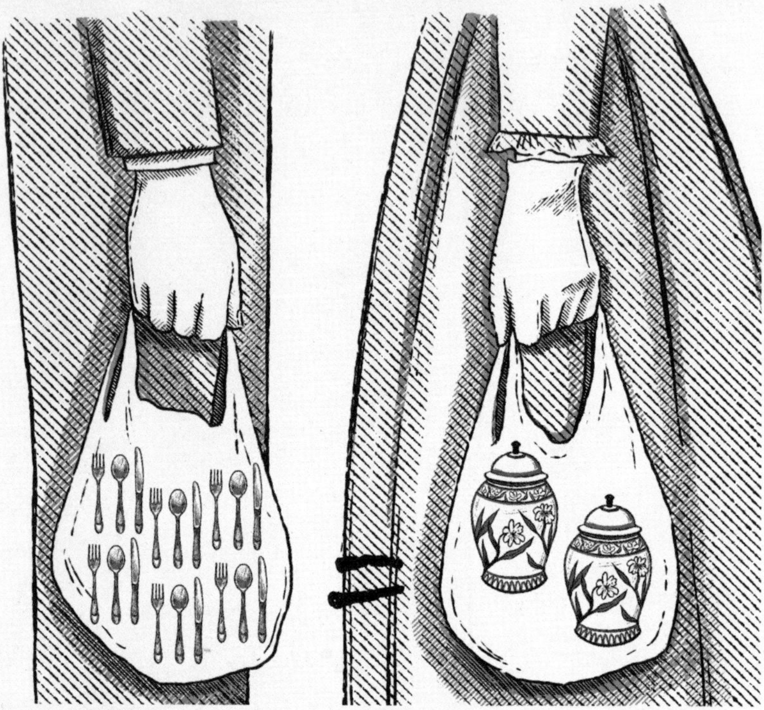

Six sets de couverts = deux vases.

Malgré tout, les sacs perdent à nouveau de leur contenu. Vous envisagez d'abandonner l'idée, mais vous êtes si proches de la cabine de l'archéologue que vous retrouvez un peu d'équilibre avec des couverts et des vases.

Cependant, tandis que vous tournez dans un couloir, une forte secousse vous refait perdre votre lest.

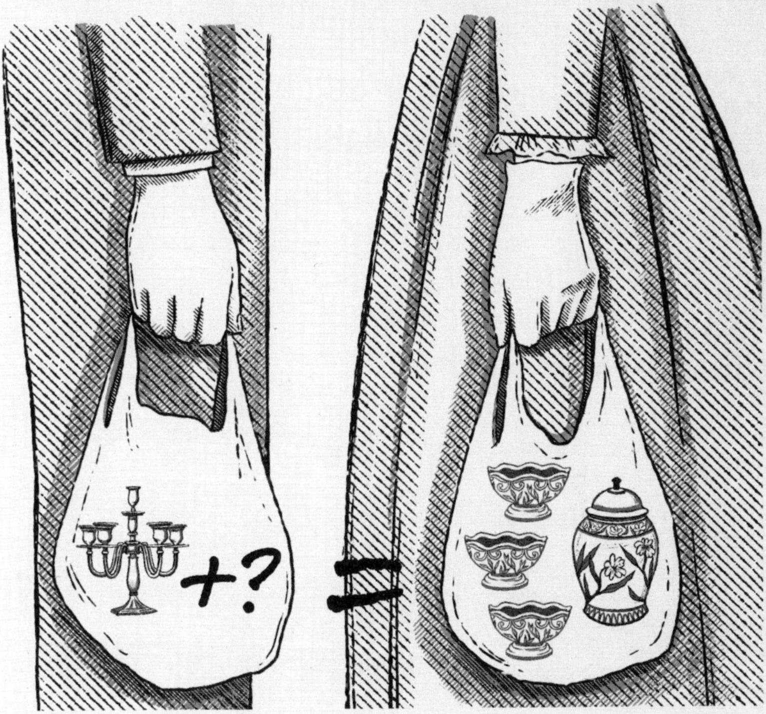

Un chandelier + ? sets de couverts
= un vase et trois bols en argent.

C'est votre dernière chance. Clemmie a mis trois bols et un vase dans son sac. Vous n'avez qu'un chandelier et des couverts.

Combien de sets de couverts faut-il pour contrebalancer le poids du sac de Clemmie ?

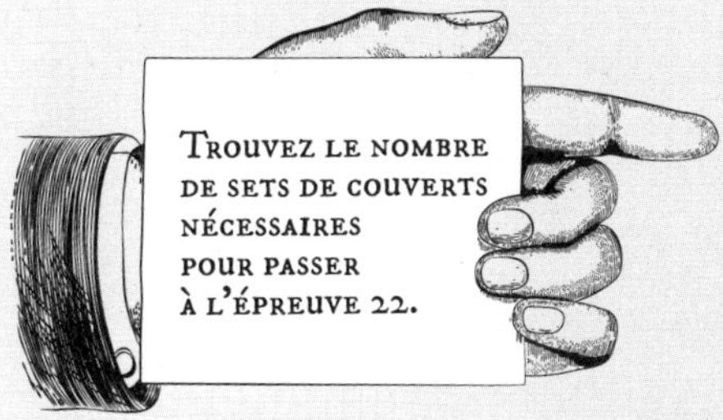

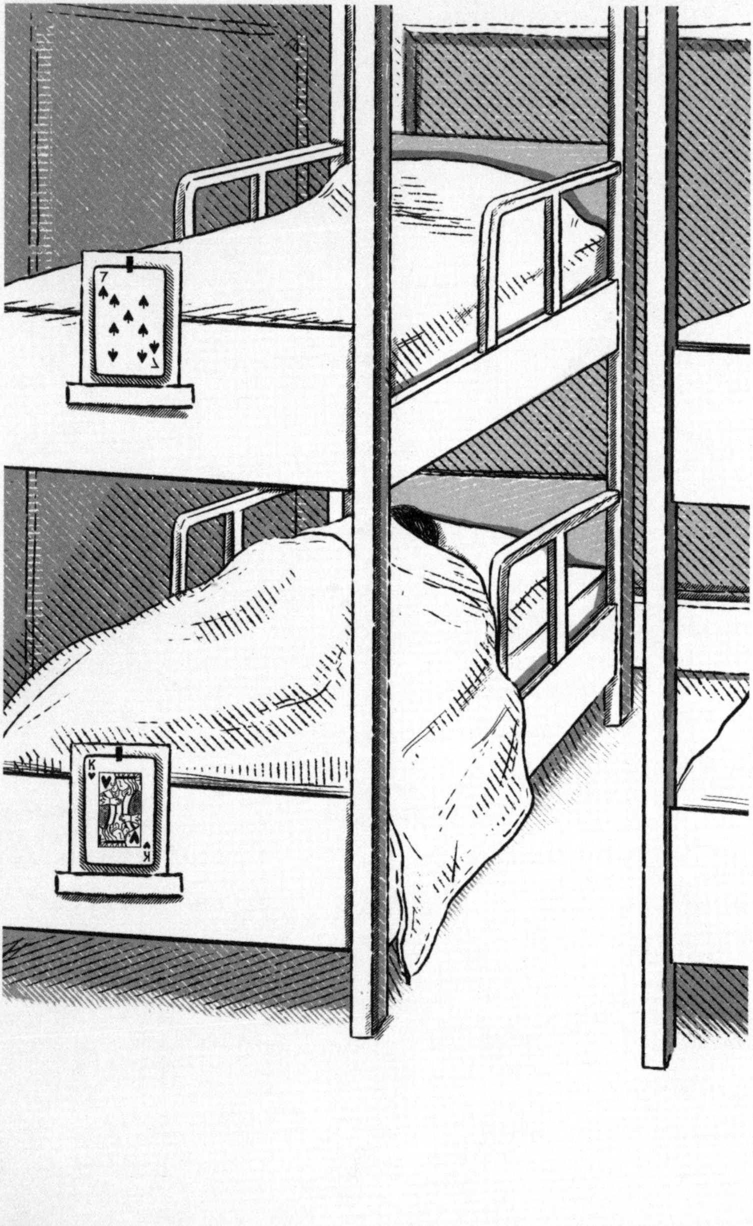
7
K

— 22 —

Trouvez son dossier

Vous arrivez à la cabine de l'archéologue Myron Nithercott, mais alors que vous allez frapper, un steward vous arrête. « Il n'est pas là. Il a été conduit à l'hôpital ! » dit-il.

Un hôpital à bord ? Heureusement, il n'est pas loin. Vous trouvez l'endroit mal éclairé, avec seulement deux patients alités. Clemmie s'assoit et serre les dents de douleur. Vous la laissez se reposer et vous approchez des lits.

« Eh ! Vous faites quoi ? » s'écrie un individu assis dans un coin. Il a l'air d'un steward qui aurait beaucoup bu. Il vient vers vous.

« Nous venons voir Myron Nithercott, dites-vous.

– Je ne connais pas leurs noms, grogne-t-il.

– Ils ne sont pas notés au pied de leurs lits ?

– Non, ce sont des cartes à jouer. Je crois que c'était un jeu qu'ils faisaient. Je suis là pour les surveiller et empêcher qu'on leur parle.

– Mais le bateau coule !

– Non, il est insubmersible. Ils vont trouver une solution. Ils connaissent leur métier. Allez, dehors ! »

Vous pensez alors à faire sortir Myron de force, mais lequel est-ce ? Malheureusement, la fatigue fait délirer Clemmie qui ne peut pas vous aider.

Si vous trouvez le dossier de Myron Nithercott, vous découvrirez peut-être de quel patient il s'agit. Mais comment faire avec une carte pour seul indice ? Vous repérez un dossier sur la table, au nom de Charles Petherbridge. Il est inscrit dessus D7. Vous observez les cartes, les dossiers dans le classeur, celui de Petherbridge, et vous trouvez quel tiroir ouvrir. Vous emmenez Nithercott et son dossier dans sa cabine.

Petherbridge

Nithercott

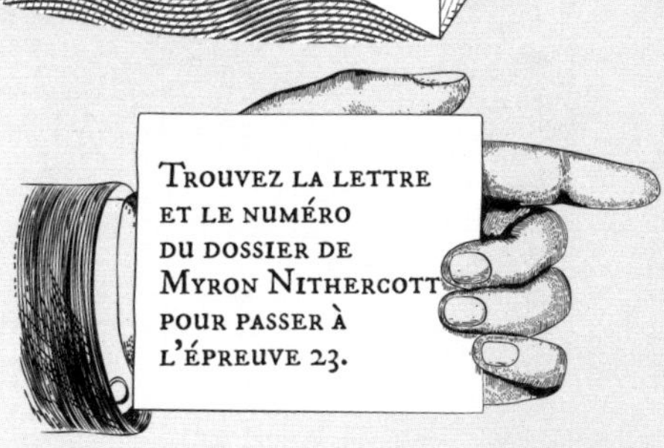

Trouvez la lettre
et le numéro
du dossier de
Myron Nithercott
pour passer à
l'épreuve 23.

23

Ouvrez la boîte

Vous accompagnez Nithercott et Clemmie dans leur cabine. La pièce est envahie de trésors archéologiques du monde entier, des textes et des dessins sont accrochés aux murs. De retour dans son lit, Nithercott semble toujours délirer. Il désigne une boîte et une partie de dominos sur la table.

« Ouvrez... la... boîte ! » dit-il dans un râle.

Il semble y avoir quatre cases dans le couvercle de la boîte, dans laquelle peut tenir un domino. Chaque case a aussi une flèche pointant dans une direction différente des autres. Quel domino va dans quelle case ?

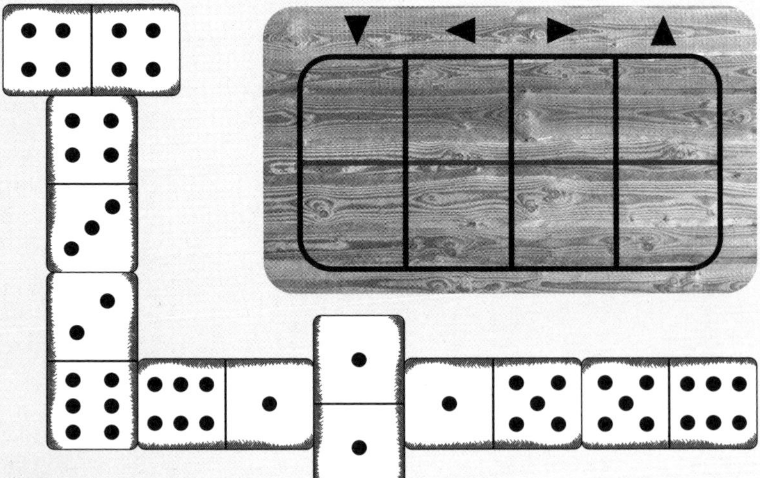

Nithercott désigne à présent de petits boucliers accrochés au mur. Ils vous font penser à des Vikings.

« Oh, oui, ses objets favoris, dit Clemmie. Ils représentent les quatre chefs. Ces signes sont des runes, mais je ne sais pas ce qu'ils signifient, ni dans quel ordre ils vont. Je crois que certains sont à l'envers, mais je pense qu'ils gardent la même signification. »

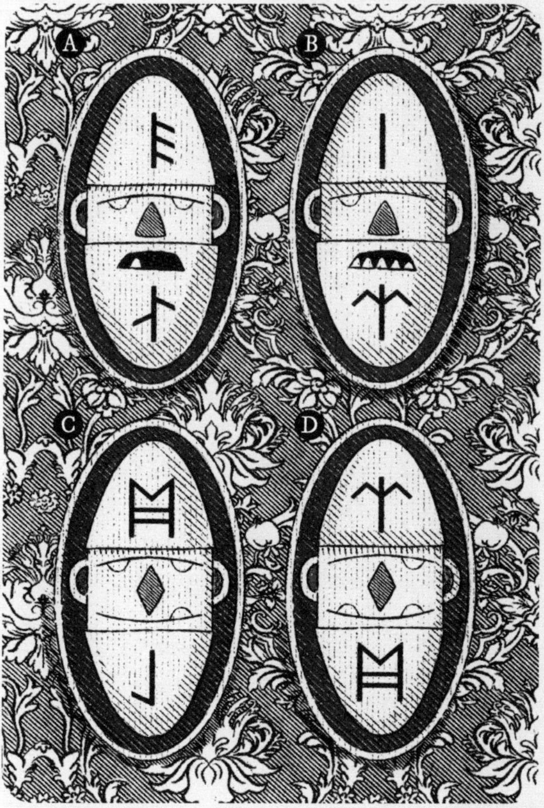

La Saga des Quatre Vents

-six

trois-

Le roi Sven avait quatre fils : Arvid Une-Dent, Magnus La-Canine, Erik Le-Borgne et Ragnar Un-Œil.

Sur son lit de mort, il les fit jurer de séparer le royaume en quatre parties - Nord, Sud, Est et Ouest - car s'ils se battaient entre eux, le pays sombrerait dans le chaos.

Arvid, l'aîné et le plus pondéré, dit qu'il prendrait le Nord, car c'était la plus grande partie.

Erik, à qui il manquait l'œil droit, dit qu'il prendrait l'Ouest, mais Magnus et Ragnar s'opposèrent à cette décision. Arvid déclara alors qu'il prendrait l'Ouest. Ragnar, le plus jeune, se porta volontaire pour régner sur le Sud, car c'était la plus petite zone, mais Erik dit qu'il la voulait à cause de ses beaux terrains de chasse. Erik refusa l'Est, un lieu sauvage où il avait perdu son œil droit. Magnus dit qu'il ne le prendrait pas non plus, puisqu'il y avait perdu toutes ses dents à l'exception de sa dent gauche.

Mais finalement, tous les frères furent heureux et régnèrent en bons souverains.

un- |

Vous remarquez un récit tapé à la machine sur le bureau.

« Une de ces longues sagas islandaises sur des chefs vikings... dit Clemmie. Mais elle a peut-être un lien avec les boucliers au mur. Et elle indique la valeur de certaines runes. »

En lisant la saga avec attention, vous trouverez quel bouclier représente quel fils et la région sur laquelle il a régné. Cela vous permettra de décrypter les runes et de mettre les bons dominos dans le couvercle de la boîte.

Rangée du haut

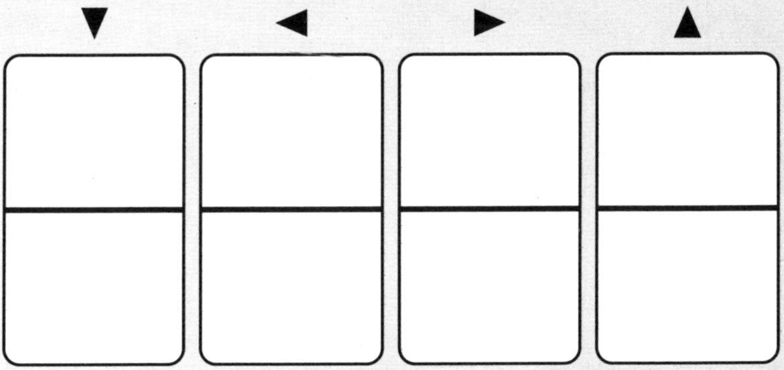

Rangée du bas

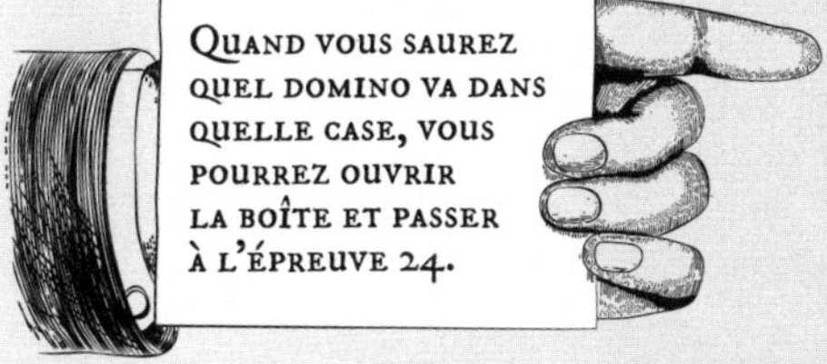

24

Résolvez le mystère

Quand les bons dominos sont en place, un mécanisme caché dans le couvercle de la boîte s'enclenche et le fermoir s'ouvre. Vous soulevez le couvercle avec précaution et vous attendez à trouver un élixir, par exemple... mais il n'y a qu'un bout de papier couvert de symboles.

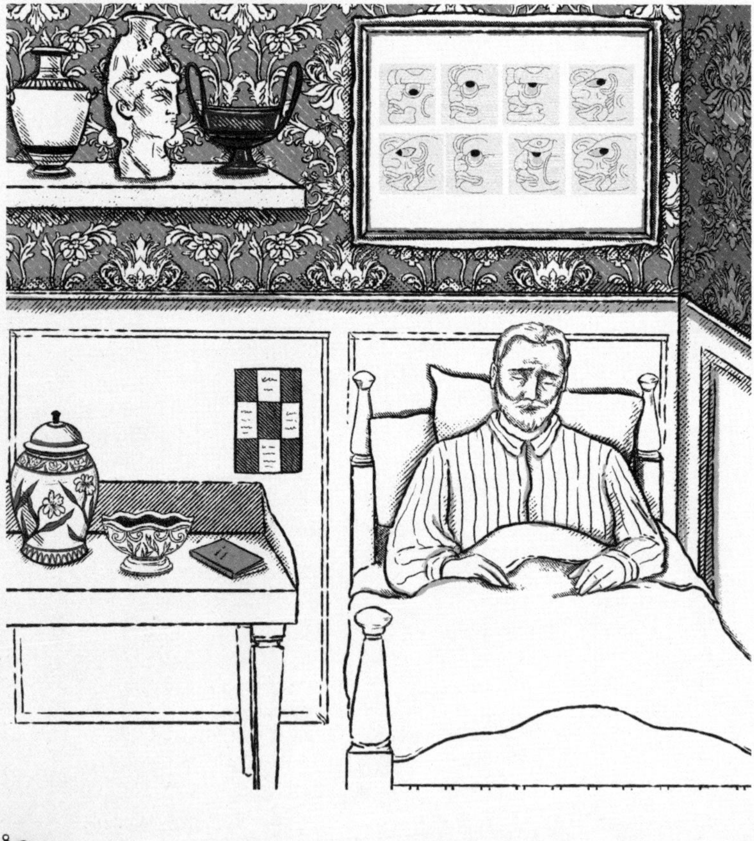

« Oh, Myron ! Toi et tes énigmes ! s'exclame Clemmie avec affection. Faites-moi voir ! » Vous lui tendez le papier. Elle l'observe de près.

« Ce sont des myroglyphes, explique-t-elle en désignant un tableau sur le mur. Apparemment, il les utilise tout le temps. C'est sa version des symboles mayas. J'ignore comment les décoder. »

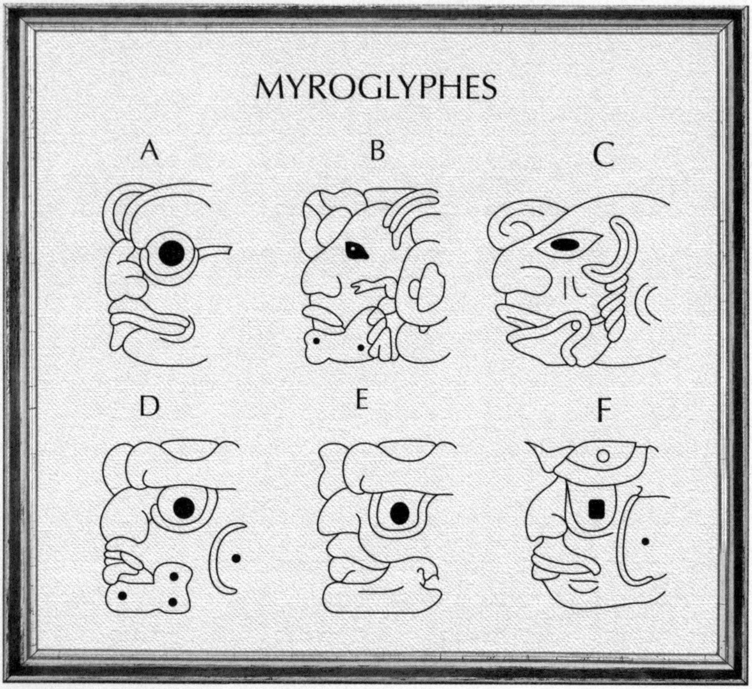

En observant le tableau, vous voyez que chaque symbole est associé à des lettres, mais cela ne vous donne aucun message compréhensible. Il doit falloir autre chose pour les lire. Vous regardez autour de vous et remarquez quatre notes étranges accrochées au mur par catégorie, avec des flèches au centre.

« Ce sont ses aide-mémoire, dit Clemmie. Il en laisse partout et pourtant il ne se souvient jamais de rien... »

Mots utiles
A – LE/LA/LES
B – UN/UNE
C – DE
D – ET
E – GRAND
F – PETIT

Correspondance
A – RÉPONDU
B – À RÉPONDRE
C – IGNORER
D – JETER
E – ANALYSER
F – BRÛLER

Dépenses
A – TICKET
B – R CABINE
C – LIVRES
D – STEWARD
E – MÉDICAMENT
F – DÎNER

Archéologie
A – SUPPOSER
B – LOCALISER
C – QUESTIONNER
D – SUIVRE
E – SE PROCURER
F – ARCHIVER

Grâce aux notes, combinées au tableau, vous décodez le papier de la boîte. Vous obtenez un message cryptique. Que veut-il dire ?

Soudain, Myron s'assoit dans le lit, l'air lucide.

« Emmenez-moi à la bibliothèque ! » souffle-t-il. En voyant la jambe de Clemmie, il se rend compte que vous devrez les accompagner.

La bibliothèque du bateau est petite et bien garnie. Vous remarquez plusieurs livres avec d'étranges lignes sur la tranche. À peine arrivés, Myron et Clemmie s'effondrent dans un grand fauteuil, l'un contre l'autre, afin de profiter le plus possible du peu de temps qu'il leur reste.

« Nous allons sûrement rester ici », dit Myron en prenant un livre sur l'histoire de l'Égypte.

« Je suis désolée, nous ne pourrons pas vous mettre dans un canot », ajoute Clemmie, avec regret. Votre cœur se serre.

« Mais nous vous aiderons – souvenez-vous de mon message », murmure Myron en montrant la bibliothèque.

PONT C (CABINES)

Le message dans la boîte est clairement en rapport avec cette pièce, mais que veut-il dire ? L'eau commence à s'infiltrer dans la pièce et disparaît par une fissure derrière la bibliothèque. Y aurait-il un passage ?

« Dois-je sortir un de ces livres ? » demandez-vous à Myron, visiblement distrait.

« Le voyage commence à la base de la flèche », répond-il en souriant. Malgré les circonstances, il n'a pas envie de gâcher sa dernière énigme.

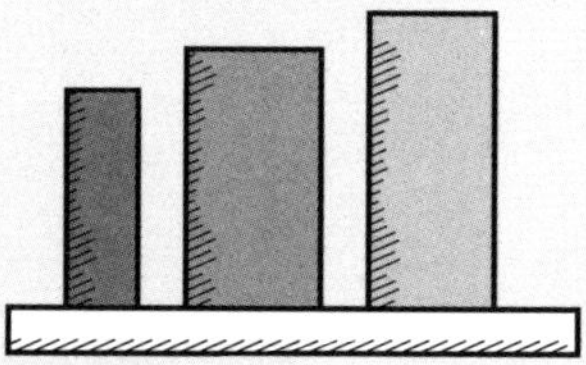

Les livres sont de tailles différentes. Les lignes se rejoignent peut-être d'une certaine façon ?

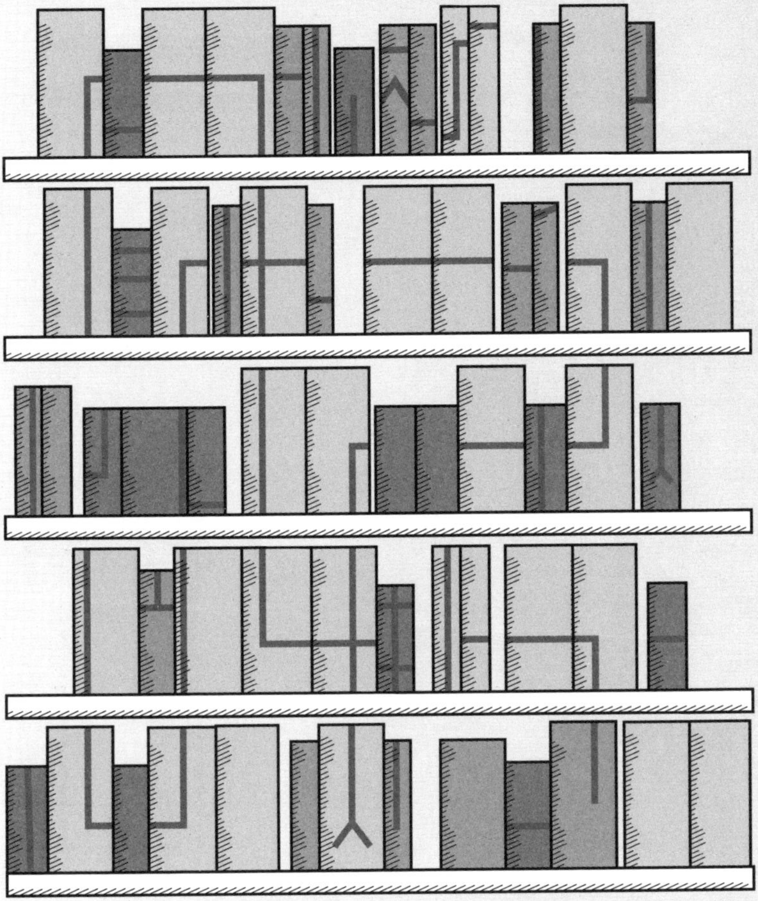

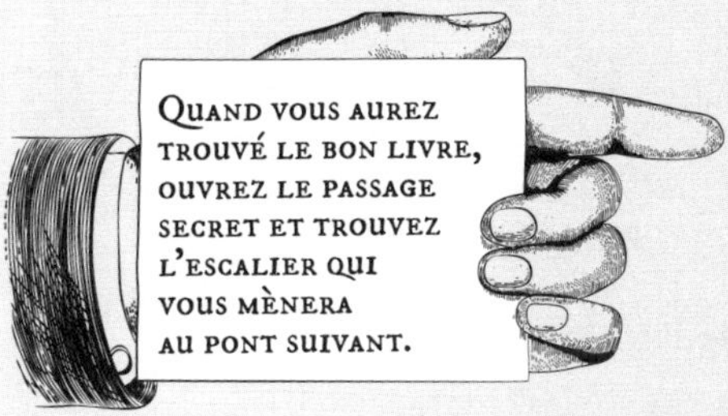
Quand vous aurez
trouvé le bon livre,
ouvrez le passage
secret et trouvez
l'escalier qui
vous mènera
au pont suivant.

PONT B (PASSERELLE)

25

Déguisez-vous

La bibliothèque s'ouvre et vous vous retrouvez face à une échelle. Vous y montez en empruntant un passage sombre, vous ignorez où vous allez émerger. Vous faites coulisser un panneau en bois et vous vous retrouvez face à des chemises et des cintres. Vous êtes dans une armoire.

En scrutant entre les portes de l'armoire, vous comprenez que vous êtes dans une cabine de première classe. Elle est vide. Vous entrez prudemment dans la pièce et vous déduisez qu'il doit s'agir du pont B.

À peine avez-vous pris vos marques que l'on frappe à la porte. « Excusez-moi, monsieur. Nous devons aller immédiatement vers les canots. »

Le ton sous-entend que ce n'est pas votre steward habituel. Soudain, votre regard se pose sur une photo encadrée sur la table de chevet : ce doit être l'occupant de la chambre.

Il vous semble que le destin vous offre l'occasion de vous déguiser en cette personne, à condition de trouver les vêtements et attributs qu'elle porte :

- *lunettes*
- *canotier*
- *nœud papillon*
- *veste*
- *barbe*

Vous remarquez son journal sur son bureau.

Il vous donnera peut-être des indices pour trouver certains de ces accessoires.

« Vis ton art ! » me répète Kate. Très bien, je vais organiser ma chambre en fonction de la résonance émotionnelle que suscite en moi chaque objet. Et si je suis en retard à un rendez-vous, je dirai que je vis mon art !

Elle me rappelle Père critiquant mes lacunes. Père ne parlait pas d'art, mais de ma vue, de mon teint foncé et de ma « faible pilosité faciale », qui n'égalait pas sa fameuse moustache. Je prétends ne plus m'en soucier, mais cette fausse barbe qui gratte prouve le contraire. J'aime à penser qu'il serait furieux de savoir où j'ai rangé ma barbe de rechange.

Quand Père parlait de la France, c'était avec haine. Et c'est pourtant là que j'ai trouvé ma vocation d'artiste et mon canotier. Il m'évoque ce pays et la liberté qu'il représente pour moi.

Le tableau dans cette cabine est hideux, mais dès que je le décroche, le steward le raccroche. Il doit donc rester là.

Il en va de même pour cette maudite sonnette qui agace Gauguin. Au moins, il y a un cendrier. J'aimerais que Kate ne laisse pas sa palette et ses pinceaux ici. Elle sait combien je déteste l'odeur de peinture et d'huile de lin dans un espace confiné. Je me suis assuré que ma composition était sèche avant de l'accrocher. Elle fait désormais partie du décor de ma chambre et je ne veux pas qu'elle en bouge.

Une fois que mon commanditaire et moi aurons rencontré mon contact à bord, je serai ravi d'oublier toute cette histoire pour ne me consacrer qu'à l'art.

AT

Il a écrit des consignes pour s'occuper de son perroquet. Cela peut aussi vous fournir des indices.

CONSIGNES DE SOIN POUR GAUGUIN

1. Il dort 19 heures par jour. La pièce ne doit pas être trop éclairée. S'il voit de la lumière pendant qu'il dort, il s'agite. Vous pouvez utiliser sa housse de cage rayée pour lui procurer un peu de calme même si je crains que les rayures du tissu soient trop criardes.
2. Il ne peut manger que du millet très fin. Pas de noix, rien de plus gros qu'une lentille. Sa digestion est très délicate.
3. Il aime voler des lunettes, n'en portez pas près de lui. C'est particulièrement agaçant pour moi qui suis très myope et dont les lunettes sont la clé qui me libère du brouillard de confusion que fut jadis ma vie.
4. Il a une peur panique des noeuds papillon, ce qui m'embête aussi, puisque j'adore leur forme qui m'évoque certains sabliers.
5. Malgré ses nombreux défauts, je l'aime, donc merci de le traiter avec le plus grand soin. Je déteste tous les autres oiseaux.
6. Il déteste aussi les tapis. Donc pas de tapis.

Arthur Tisdale

Vous repérez ce qui doit être le tableau de Tisdale, mais il semble que quelque chose cloche.

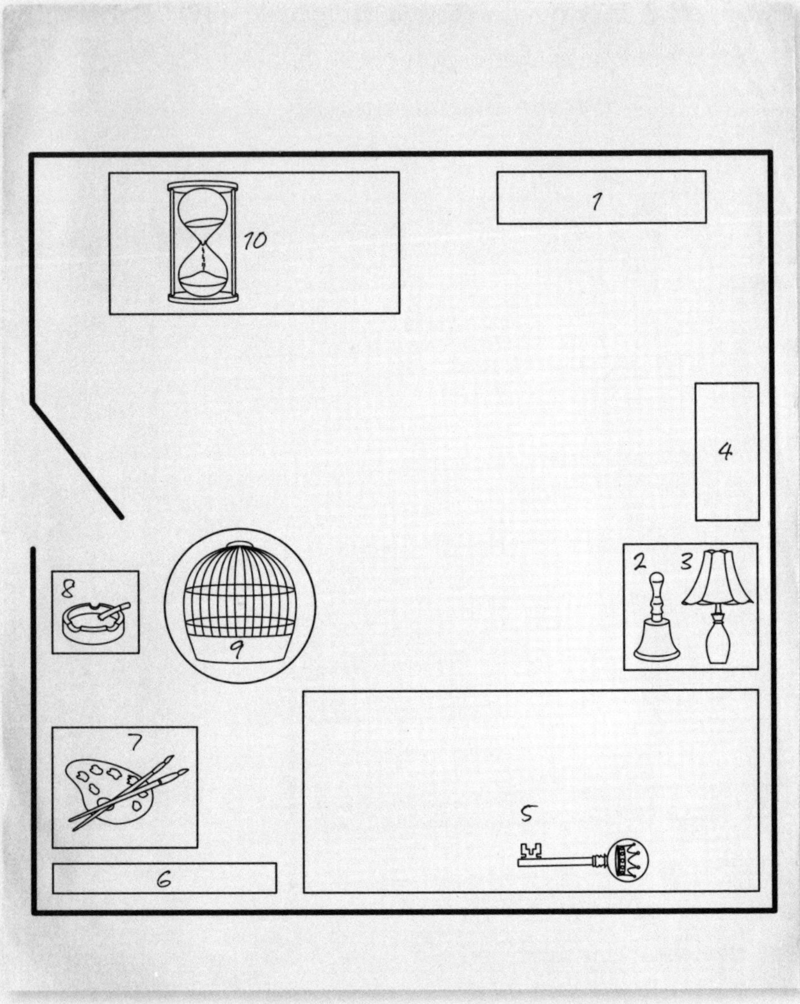
1
10
4
2
3
8
9
7
5
6

Certains détails du tableau semblent significatifs, en particulier quand vous regardez le plan de la chambre qu'il a dessiné et annoté.

1. Portrait de Père
2. Sonnette (ne pas toucher)
3. Lampe de chevet
4. Affiche de Paris
5. Clé de Paris
6. Horrible tableau de colombe
7. Palette et pinceaux de Kate
8. Cendrier
9. Cage de Gauguin
10. Sablier

Il semble qu'il a dû placer ces objets dans des endroits particuliers de la chambre. Mais pourquoi n'a-t-il pas inclus ce tapis rayé ? À présent, vous devez trouver où sont rangés les accessoires de votre déguisement.

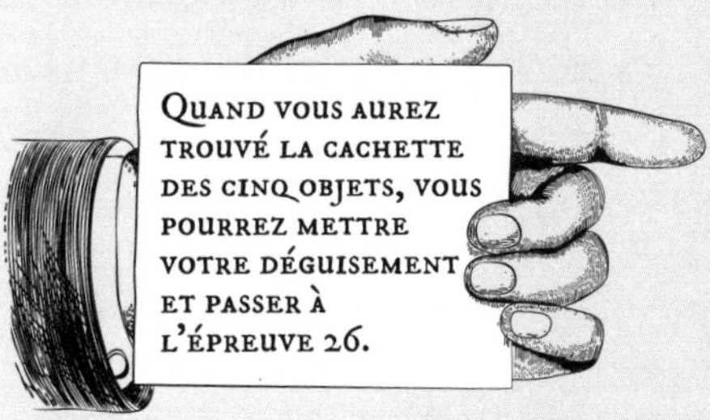

26

Trouvez les erreurs

Déguisé grâce aux cinq accessoires que vous avez trouvés, vous ouvrez la porte et saluez un employé. Ce n'est pas un steward, mais un gentleman à l'air furieux.

« Tisdale ! grogne-t-il en vous prenant par le col. Tu me dois cinquante livres ! Et si tu ne les as pas, tu vas devoir aller à New York à la nage. » Il est étonnamment fort pour un homme aussi mince.

« Je ne... Je ne suis pas Tisdale », bredouillez-vous.

« Bien sûr, répond l'homme avec sarcasme en vous libérant. Il se trouve juste que vous êtes dans sa chambre, que vous portez ses vêtements et ressemblez à sa photo. » Il désigne le portrait encadré. Vous envisagez de retirer votre déguisement, ce qui peut vous causer d'autres soucis.

« Les œuvres que vous m'avez envoyées ont toutes trois erreurs, crie-t-il en brandissant quatre feuilles de papier. Comment pourrait-on croire que ces faux sont authentiques s'ils contiennent des fautes ? » Vous prenez les œuvres. Ce sont des dessins au trait, bien réalisés à l'encre.

« Quand j'ai accepté de financer cette activité, je ne pensais pas recevoir des images erronées ! » poursuit-il. Vous comprenez qu'il s'agit du « commanditaire » mentionné par Tisdale dans son journal.

« N'ai-je pas aussi envoyé une note ? » demandez-vous pour gagner du temps.

Poséidon, 620 av. J.-C.

« Oui, des bêtises sur le fait que l'erreur commune m'indiquerait le lieu de rendez-vous pour obtenir les bons dessins. Je n'ai pas le temps de jouer ! » crie l'homme, semblant prêt à en découdre.

Vous soupçonnez qu'en raison de la nature clandestine de leur association, Tisdale comptait indiquer à l'homme leur lieu de rendez-vous sur le bateau sans alerter personne. Il vous faut rapidement trouver ce lieu et vous y rendre ensemble avant que cet homme ne perde son sang-froid et que la situation dégénère.

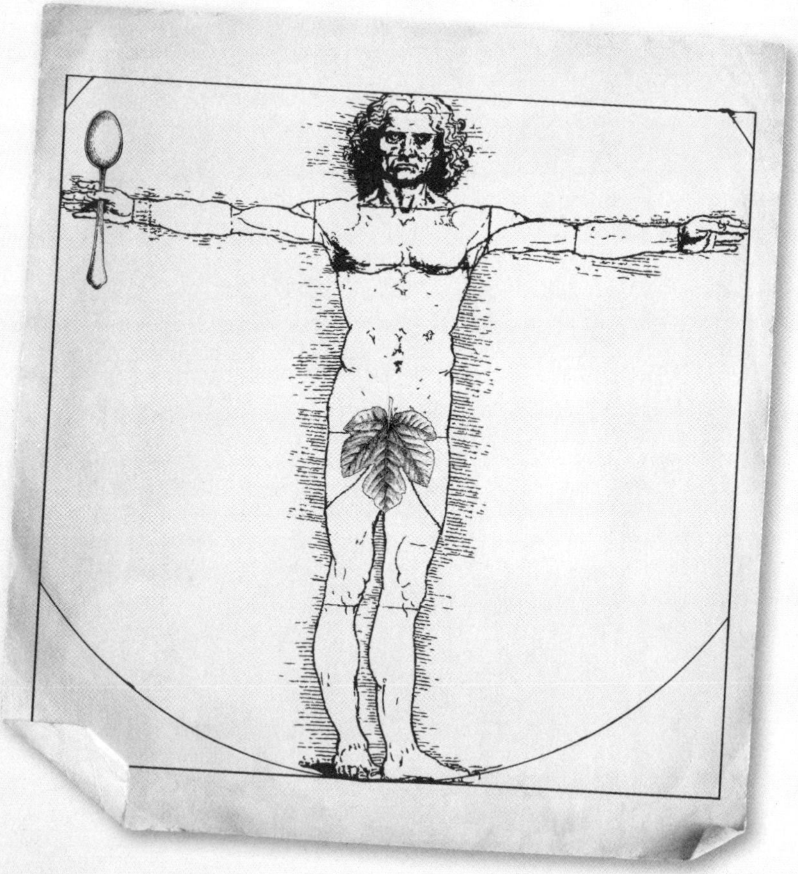

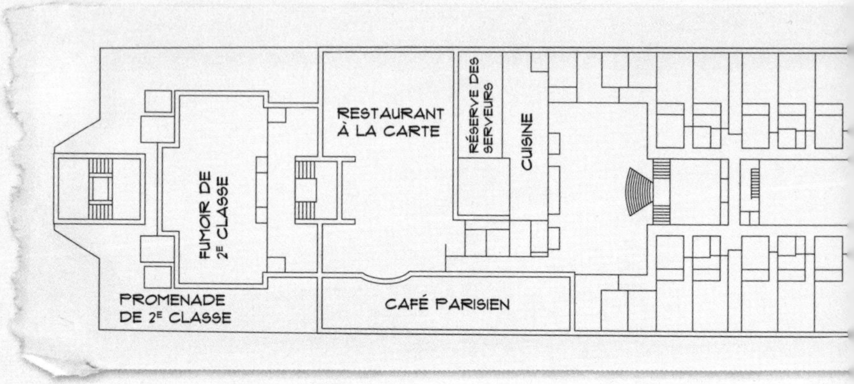

Il serait pratique de circonscrire vos recherches. Vous vous souvenez alors d'avoir vu une autre note sur le bureau de Tisdale. Vous constatez que c'est une liste de lieux sur le Pont B.

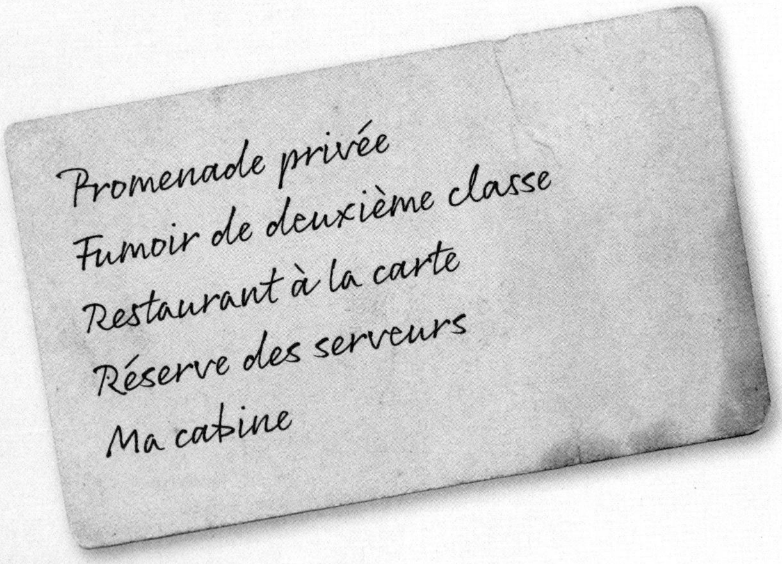
Promenade privée
Fumoir de deuxième classe
Restaurant à la carte
Réserve des serveurs
Ma cabine

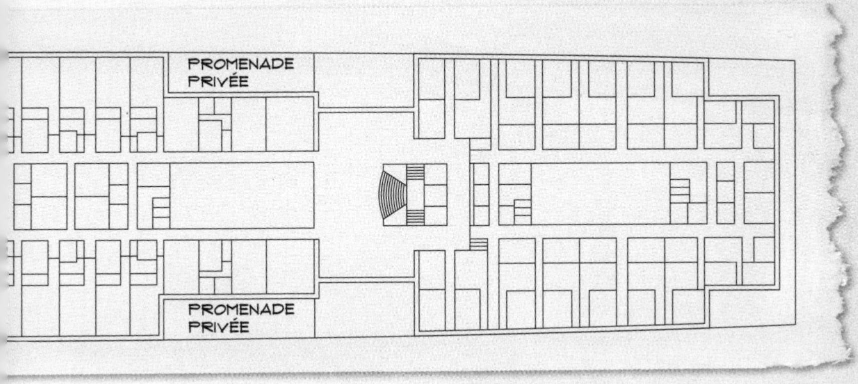

L'un d'eux doit être le lieu indiqué par les dessins. Mais quel est l'indice commun sur les dessins ?

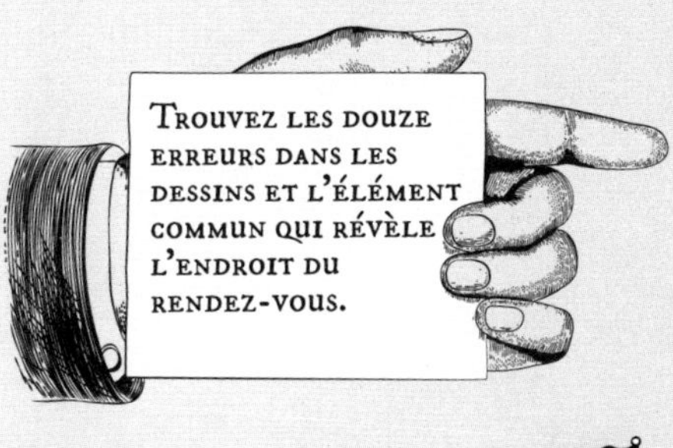

27

Décodez le message

Quand vous lui indiquez le lieu de rendez-vous, il se calme un peu et vous vous y rendez ensemble. Vous comptez lui échapper à la première occasion, mais il vous fait comprendre que toute fuite est impossible. Vous arrivez tous deux sur le lieu de rencontre avec le contact de Tisdale.

Votre sang se glace en voyant son visage : c'est ce vaurien de Sharp ! Il sourit d'un air mauvais. Vous sentez qu'il vous reconnaît malgré le déguisement. Il se tourne vers l'homme en colère et dit : « Colonel Frostrup, auriez-vous l'amabilité de nous chercher à boire ? » Le colonel semble étonné par cette requête, mais obéit « dans l'intérêt des affaires ». Après son départ, Sharp vous fixe d'un regard pénétrant.

« J'attendais un faussaire, pas une contrefaçon, siffle-t-il. Pourquoi diable portes-tu les vêtements et la barbe de Tisdale ? J'imagine que cet idiot est ivre mort dans un bar. Peu importe, je doute que j'aurai besoin de ses talents quand je me serai procuré ce que je cherche à bord. »

Vous tentez de sortir au plus vite, mais Sharp sort un couteau caché sous la table et le plaque contre votre estomac.

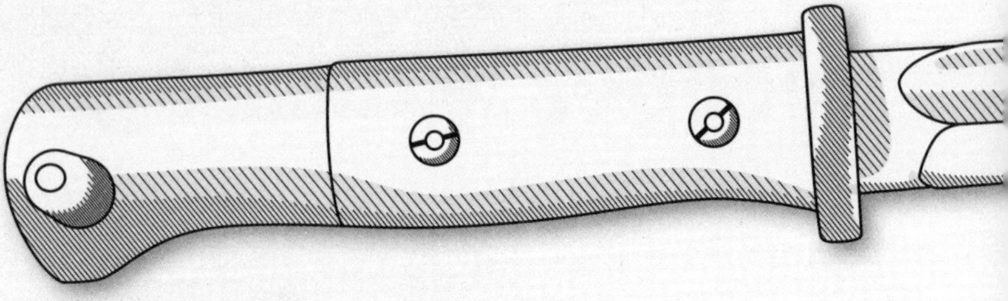

« Je devrais te livrer aux stewards. Mais tu as une nouvelle occasion de m'aider et je te suggère d'en profiter. Allons nous promener sur le pont avant que notre ami le colonel ne revienne avec nos verres. »

Dehors, il fait noir et froid. Quelques passagers déboussolés déambulent en gilet de sauvetage et ne vous prêtent pas attention. Sharp vous fait vous asseoir sur un banc.

« J'ai eu la chance d'avoir à nouveau l'occasion de discuter avec ton ami, le désormais défunt M. Demone. Après avoir essuyé son sang sur ma petite lame, j'ai récupéré ce charmant objet... »

Il vous montre une clé décorée d'une couronne.

« Tu te souviens du sac que tu m'as aidé à retrouver ?

– Celui qui appartenait à ton "frère" ? » demandez-vous sèchement.

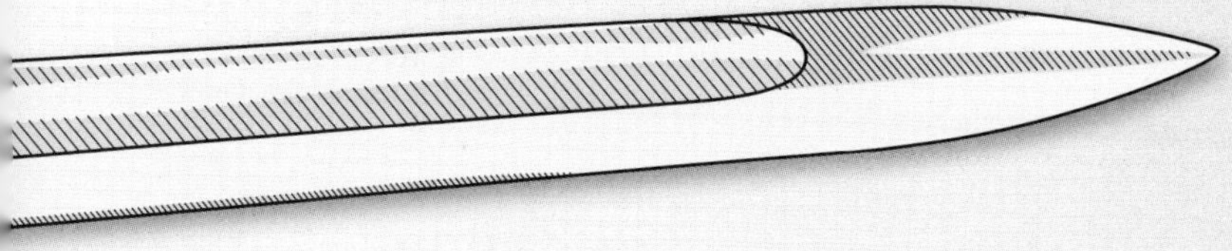

– Celui-là. Il contient un objet qu'il me faut. Mais la clé pour l'ouvrir a été volée par les hommes de Demone et je me suis hâté de la reprendre. Mais cette clé n'ouvre pas la serrure du sac. » Il révèle à présent deux morceaux de papier.

« J'ai trouvé ça aussi sur Demone. Mes excuses si ce papier est un peu taché de sang. Je n'y comprends rien, mais je me souviens maintenant que tu es doué pour les énigmes. »

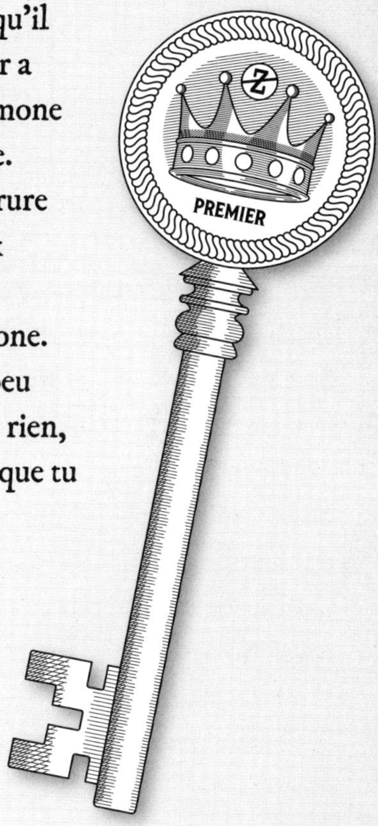

Sur le premier bout de papier se trouve une série de chiffres dans un télégramme. Vous vous souvenez des codes précédents...

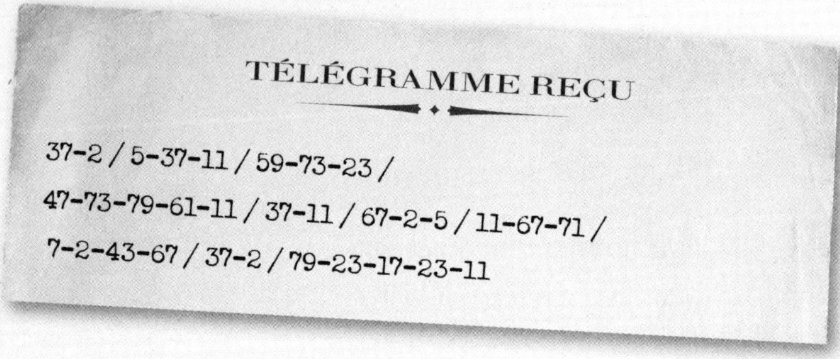
TÉLÉGRAMME REÇU

37-2 / 5-37-11 / 59-73-23 / 47-73-79-61-11 / 37-11 / 67-2-5 / 11-67-71 / 7-2-43-67 / 37-2 / 79-23-17-23-11

« Oui, c'est codé, je ne suis pas idiot, répond Sharp à votre commentaire implicite. Mais sans la clé du code, c'est insoluble ! » L'autre bout de papier est une grille avec des chiffres de 1 à 100 dessus. Et rien d'autre, si ce n'est que le 89 a été remplacé par un X.

« Le X marque un endroit, dit Sharp, avec aigreur, mais ça n'a aucun sens pour moi. Il n'y a même pas de 89 sur la note. Qui eût cru qu'une brute comme Demone ait l'idée d'une telle ânerie ? Remarque que la seule chose que les chiffres de la note ont en commun, c'est qu'ils sont quasi tous impairs. »

Vous regardez la clé décorée et comprenez qu'elle détient la réponse qui vous permettra de décoder ce message.

1	**2**	**3**	4	**5**	6	**7**	8	9	10
11	12	**13**	14	15	16	**17**	18	**19**	20
21	22	**23**	24	25	26	27	28	**29**	30
31	32	33	34	35	36	**37**	38	39	40
41	42	**43**	44	45	46	**47**	48	49	50
51	52	**53**	54	55	56	57	58	**59**	60
61	62	63	64	65	66	**67**	68	69	70
71	72	**73**	74	75	76	77	78	**79**	80
81	82	**83**	84	85	86	87	88	X	90
91	92	93	94	95	96	**97**	98	99	100

28

Affrontez Sharp

Sharp vous menace de son couteau tandis que vous décryptez le message, et lorsque vous dévoilez la réponse, il jure.

« C'est ridicule ! Ça ne peut pas être ça ! » Il range la clé et le papier dans sa poche. Vous sentez, à son regard dur, que vous ne lui êtes plus utile.

Un steward passe alors et, désespéré, vous vous écriez : « À l'aide ! Il a un couteau ! » Le steward court vers vous. Sharp jure, cache son arme, mais vous êtes sûr que le steward va vouloir interpeller ce criminel. Au lieu de quoi, il s'incline avec déférence.

« Oh, c'est vous, vicomte Sharp. Je suis désolé de vous interrompre. Veuillez m'excuser. »

Alors que le steward s'éloigne, vous êtes choqué. « Vicomte Sharp ? Vraiment ? » criez-vous.

« Bien sûr, ricane Sharp, triomphant. Tu pensais que j'étais un roturier bon à rien de ton espèce ? J'ai un titre, un vrai ticket en première classe, et dans cinq minutes, je serai dans un canot de sauvetage, et toi... Voilà ce que je vais faire, jubile-t-il. Je vais te pousser par-dessus bord. Ou te poignarder. Ou t'assommer d'un seul coup de poing. Ou simplement t'étrangler à mains nues... »

PONT B (PASSERELLE)

Vous n'en doutez pas. Sharp est en forme et se tient là avec assurance. Mais vous en avez assez de fuir. Vous lui faites face. Votre bravoure l'étonne.

« Que de confiance de la part d'un faible. Comme mon pauvre ami amateur de fleurs. Voilà qui me plaît. »

Vous vous êtes battu une fois ou deux dans votre vie et connaissez quelques moyens de contrer ses menaces. Vous devez être sûr d'être en bonne position pour les appliquer.

Alors que Sharp enchaîne les attaques dans l'ordre suivant, à chaque fois, choisissez la bonne contre-offensive. Vous ne pouvez utiliser une parade qu'en étant dans la bonne position au départ.

1. IL VOUS POUSSE PAR-DESSUS BORD

Sharp se rue vers vous avec l'intention de vous faire tomber dans l'eau glacée. Face à lui, vous connaissez quatre défenses possibles :

A. PROTECTION ACCROUPIE De la position debout, vous passez à la position accroupie et abaissez votre centre de gravité, ce qui l'empêche de vous pousser par-dessus bord.

B. LE REPOUSSER Debout, vous repoussez Sharp alors qu'il vous pousse, vous lui résistez et restez debout, les bras tendus.

C. SAUTER Debout, vous vous jetez par-dessus le bastingage avant que Sharp n'ait pu vous approcher et vous y restez suspendu au-dessus de l'eau.

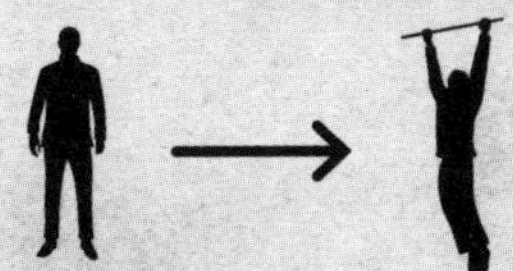

D. TOUT MAIS PAS LE VISAGE Debout, vous formez immédiatement un X avec vos avant-bras placés devant votre visage, vous le suppliez de vous épargner, et vous restez les bras croisés.

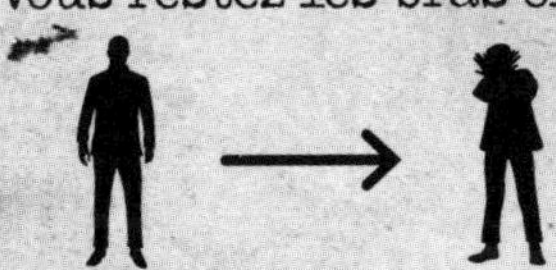

2. IL VOUS ATTAQUE AU COUTEAU

Incapable de vous pousser, Sharp vous menace à présent de son couteau. Il y a quatre contre-offensives :

A. COUP DE PIED En position accroupie, vous lancez brusquement votre jambe, lui donnez un coup dans le tibia, ce qui lui fait lâcher son couteau. Il est plié en deux de douleur, mais vous tombez aussitôt sur le dos.

B. PASO DOBLE Debout, vous vous tournez de côté tel un torero et évitez le couteau qui vous frôle sans vous blesser. Vous restez de profil, sain et sauf.

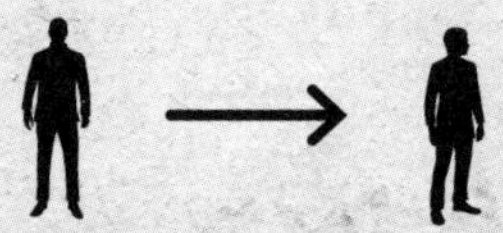

C. LE DÉSARMER Accroupi, vous bondissez et formez une pince avec vos mains. Avec un fort impact, vous faites tomber le couteau de ses mains. Vous restez debout, les bras tendus.

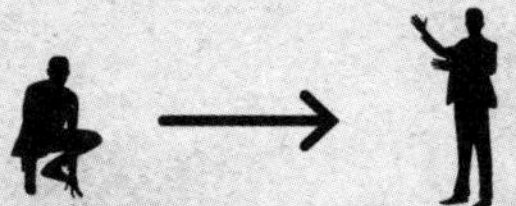

D. LE TIGRE Si vous êtes debout, les bras croisés devant le visage, vous pouvez tomber en avant et déployer vos bras pour vous retrouver à quatre pattes, comme un tigre. Avec un peu de chance, vous terrifierez votre opposant... s'il a peur des tigres.

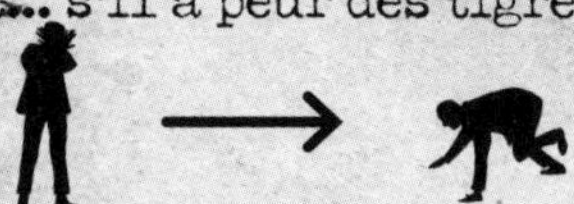

3. IL VOUS ASSOMME D'UN COUP DE POING

Sharp tente à présent de vous mettre K.O. avec un uppercut magistral. Vous envisagez quatre ripostes :

A. ESQUIVER Debout, vous vous baissez rapidement en avant pour éviter son poing, puis vous pliez les jambes pour vous retrouver dans une position accroupie stable.

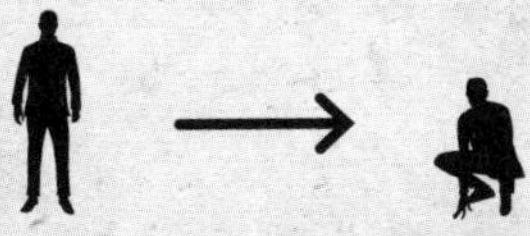

B. BLOQUER Debout, les bras tendus, vous amenez vos bras devant votre visage, pour absorber et dévier le coup avec vos avant-bras. Vous vous retrouvez debout, les bras croisés devant le visage.

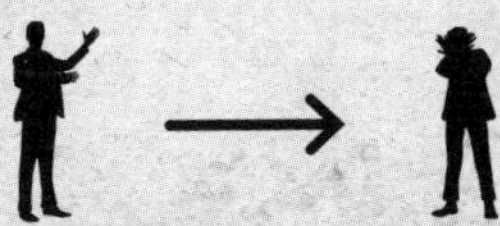

C. ENCAISSER LE COUP. Debout, vous restez sur place et vous le laissez vous asséner un coup de poing, en espérant que des années de criminalité ont affaibli son bras. Il y a des chances que vous finissiez allongé sur le dos.

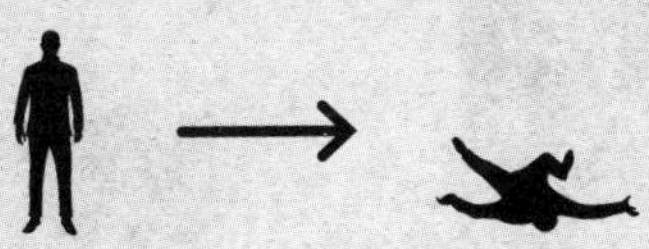

D. LE TATOU Si vous êtes à quatre pattes par terre, vous pouvez vous rouler en boule, ce qui vous offrira une protection maximale. Mais vous risquez de rouler par-dessus bord.

4. IL VOUS ÉTRANGLE

Finalement, dans une ultime tentative désespérée, Sharp décide de vous étrangler à mains nues. Vous n'avez que quatre options :

A. LE FAIRE TOMBER Si vous êtes debout, les bras tendus en avant, vous pouvez attraper ses poignets et l'empêcher d'approcher ses mains de votre cou. Puis repoussez-le et jetez-le au sol.

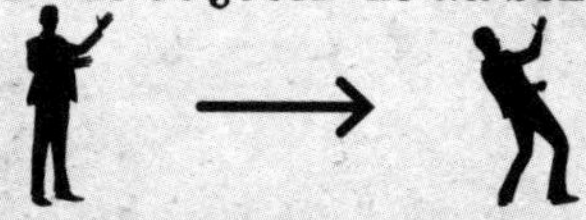

B. ATTAQUE À LA VESTE Si vous vous tenez debout, de profil, retirez rapidement votre veste et jetez-la sur lui avant qu'il ait eu le temps de comprendre.

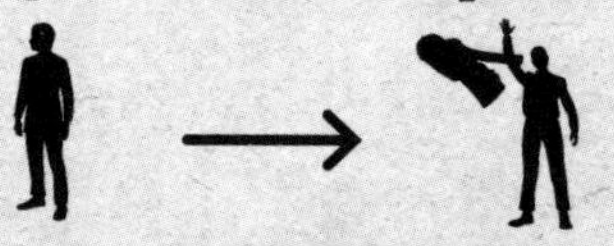

C. COUP DE GRÂCE Si vous êtes debout, bras le long du corps, vous pensez que la colère de Sharp va le rendre vulnérable à un bon coup de poing sur le menton qui l'enverra au sol.

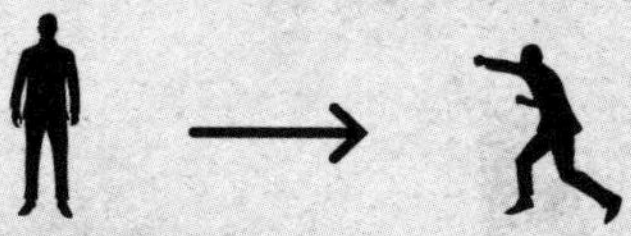

D. LA TOUPIE Si vous êtes en position accroupie, tentez de vous mettre à tourner en rond sur place à la manière d'un derviche frénétique. Cela va peut-être le dérouter ou l'arrêter, même si, en toute honnêteté, cette parade n'a jamais fonctionné.

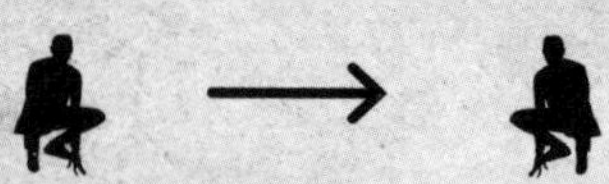

Vous devez enchaîner les mouvements d'une traite, sinon vous ne pourrez pas vaincre Sharp et retourner vers le Grand Escalier.

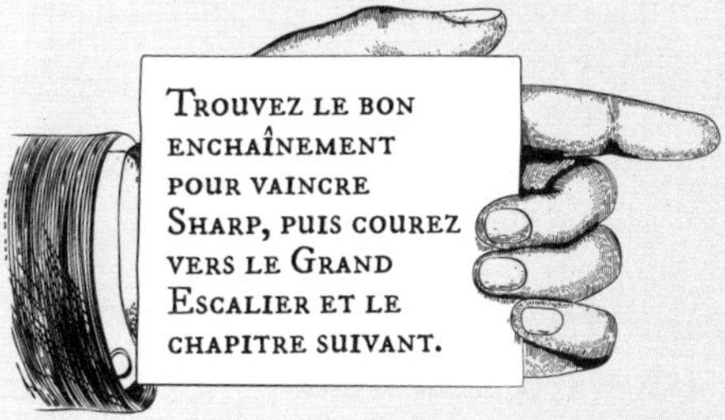

CHAPITRE 8

PONT A (PROMENADE)

29

Résolvez l'énigme de l'artiste

Le Grand Escalier est pris d'assaut par des passagers qui ont compris la gravité de la situation et veulent à tout prix atteindre le niveau supérieur. Mais arrivé au pont A, tout le monde s'arrête brusquement.

Vous comprenez vite pourquoi : un steward s'est posté sur le palier et braque un revolver sur la foule. Il tire en l'air en guise d'avertissement. « Reculez ! crie-t-il. Les canots sont pleins ! Il me reste cinq balles et je suis prêt à les utiliser ! »

« Il se trompe au sujet des canots », dit un homme derrière vous. Surpris, vous réalisez qu'il s'agit de l'horloger tatoué que vous avez sauvé de la noyade.

« Je ne sais pas pourquoi vous êtes déguisé avec les vêtements de mon ami peintre, dit-il, mais vous devez savoir qu'il n'a pas seulement dessiné mes tatouages. Il a aussi créé cette pendule... avec mon aide. » Derrière le steward, vous remarquez une pendule très ornementée,

avec deux anges gravés et d'autres motifs. « L'ange de gauche est Honneur, celui de droite, Gloire, poursuit-il. Et je parie que si nous pouvons faire sonner la pendule, cela surprendra le steward le temps que quelqu'un le désarme. Mais pour changer l'heure, nous devrons utiliser l'une des horloges mères qui contrôlent les autres et j'ignore de laquelle il s'agit. Arthur a toujours dit qu'il n'aimait pas l'idée qu'une autre horloge contrôle son œuvre et il a gardé cette information secrète. Son insistance m'a toujours semblé étrange, mais quand je lui en ai parlé, il a simplement griffonné quelques mots au dos de ce menu que j'ai conservé. Voyez-vous, je pense qu'il a pu aussi dessiner l'horloge mère. »

Il vous tend la page du menu. Vous remarquez qu'il manque des parts à chaque tarte.

Au dos du menu se trouvent ces mots étranges :

Ces lignes, je les écris, à vous de les dessiner.

Pour la **première**, allez de la main vide de Gloire au stylet d'Honneur.

Jusqu'au point où leurs regards se croisent et finissez à 7.

Pour la **deuxième**, allez du centre de la couronne au centre du monde, puis au genou d'Honneur et enfin vers la main vide de Gloire.

De nouveau où leurs regards se croisent pour finir au stylet d'Honneur.

Quand vous saurez où doivent être les aiguilles, ce sera de la proverbiale tarte.

Le numéro de l'horloge mère est dans leur quantité.

« Cela peut-il nous être utile ? » demande l'horloger. Oui. En suivant les instructions, vous trouverez un diagramme qui vous aidera à découvrir le numéro de l'horloge mère. Et cela vous explique pourquoi cette horloge est couverte de créatures marines.

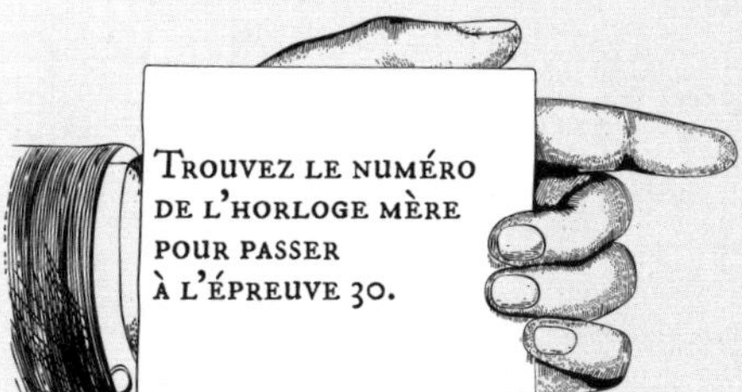
Trouvez le numéro
de l'horloge mère
pour passer
à l'épreuve 30.

30

Reconnectez l'horloge mère

L'horloger vous conduit dans une petite salle banale où se trouve l'horloge mère que vous recherchez. « Une fois la modification effectuée, toutes les horloges qui lui sont connectées vont changer, puis celle d'Honneur et Gloire va carillonner. »Au loin, vous entendez un autre coup de feu. Comme il n'est suivi d'aucun cri, vous présumez que le steward a de nouveau tiré au plafond.

« Dépêchons-nous », dit-il. Il trouve l'horloge mère sous un panneau couvert de cadrans montrant la position de toutes les pendules à bord.

« Elles ont des heures différentes ! Quelqu'un a désynchronisé les horloges, murmure-t-il. J'ai entendu dire que des rats couraient dans le local technique, c'est peut-être ça. »

Il trouve le plan d'une dérivation du circuit électrique.

« Nous devons trouver et tracer le bon parcours qui n'activera que les pendules concernées », dit-il.

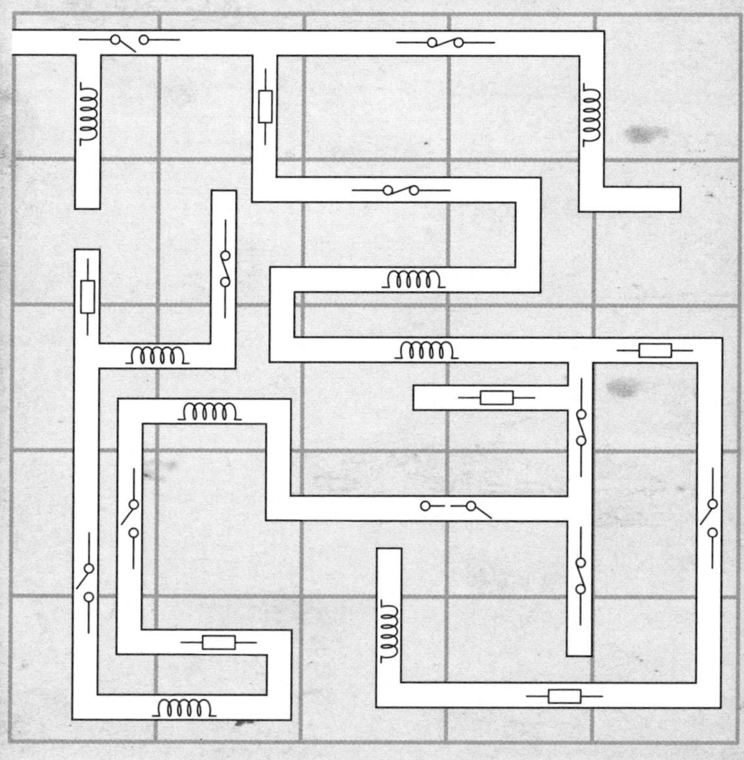

DÉRIVATION DU CIRCUIT DE L'HORLOGE MÈRE DU *TITANIC*

Il y a des bandes de papier où sont tracés des diagrammes. Ils peuvent peut-être vous aider.

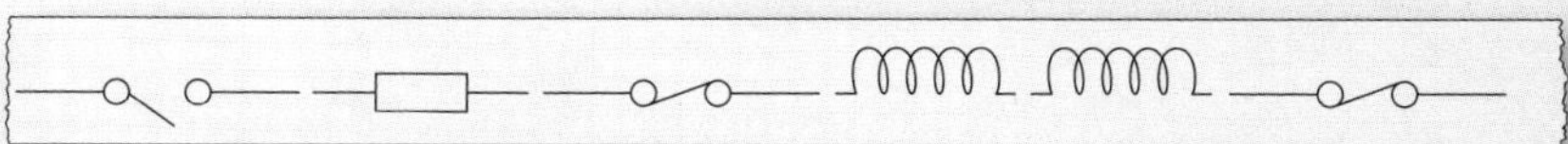

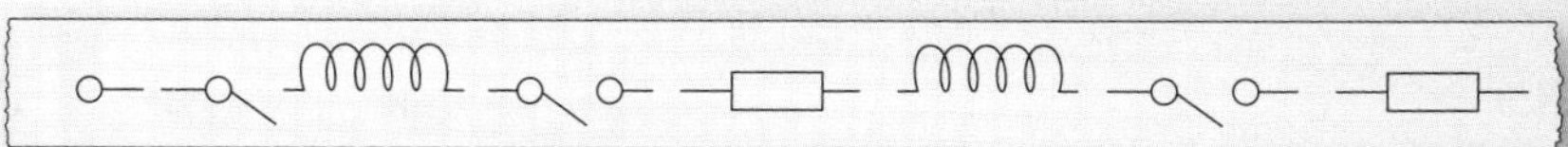

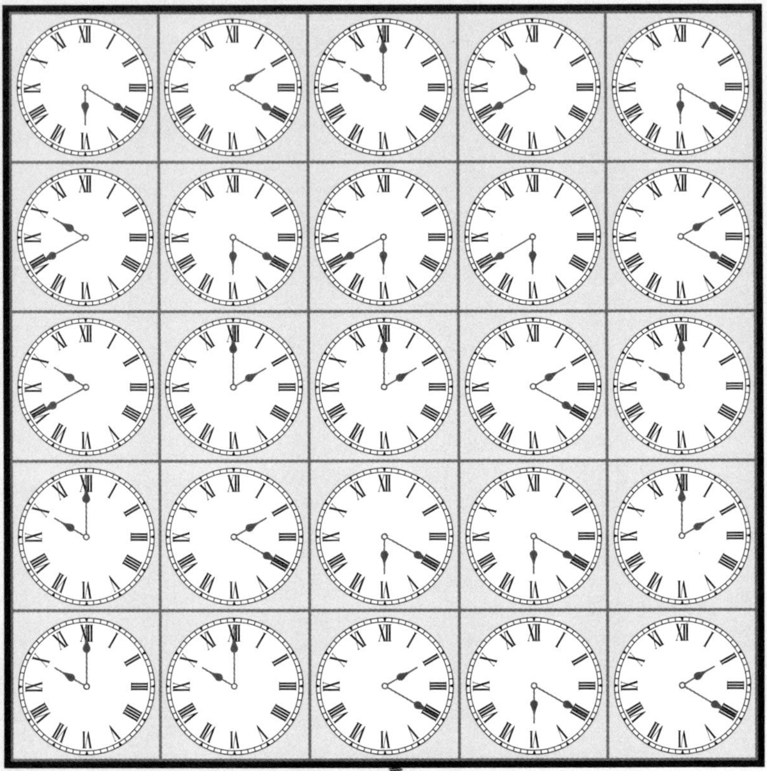

« Et maintenant ? » demandez-vous d'un ton urgent.
L'horloger désigne le mur de cadrans.

« Quand nous aurons trouvé le parcours, notons l'heure affichée sur chaque pendule du tracé. Si le circuit passe deux fois par une pendule, nous utiliserons ce temps deux fois. »

« Comment cela ? » dites-vous alors qu'il feuillette une pile de documents et d'instructions.

« Il semble que l'horloge mère du bateau utilise un système appelé BetaBeille pour corriger les erreurs électriques.

– ... Le quoi ?

– Apparemment, le concepteur aimait les abeilles. Et l'alphabet grec. »

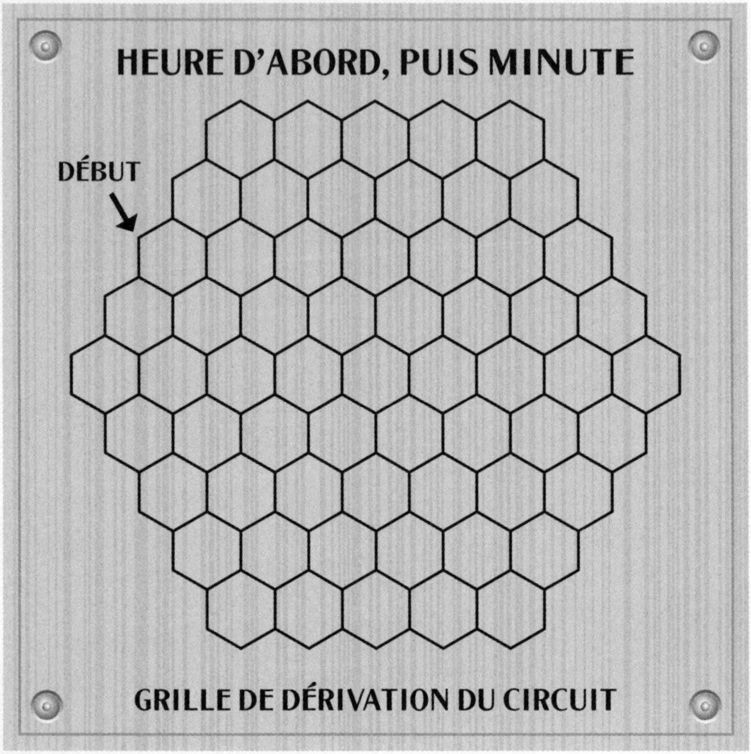

L'horloger inspecte les panneaux et les boutons sur le mur, jusqu'à ce qu'il trouve une grille en forme d'alvéoles d'abeilles avec de nombreuses cases.

« Ah ! Nous devons insérer dedans la plaque de dérivation ayant la bonne forme pour resynchroniser les pendules. » Il ouvre une boîte et en sort quatre pièces en métal qui ressemblent à des lettres grecques faites à base d'hexagones. Vous les observez.

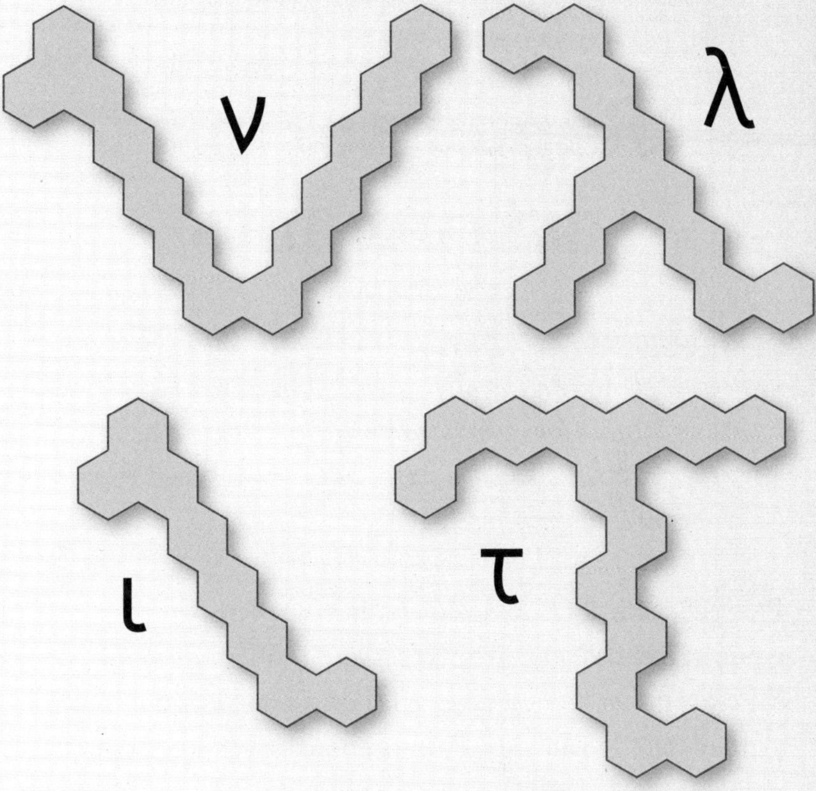

« Nous devons… trouver le bon tracé électrique… puis les bonnes pendules… et utiliser leurs positions pour déterminer quelle forme placer dans la grille ?

– Oui !

– Mon Dieu, j'ai eu peur que ce soit compliqué ! »

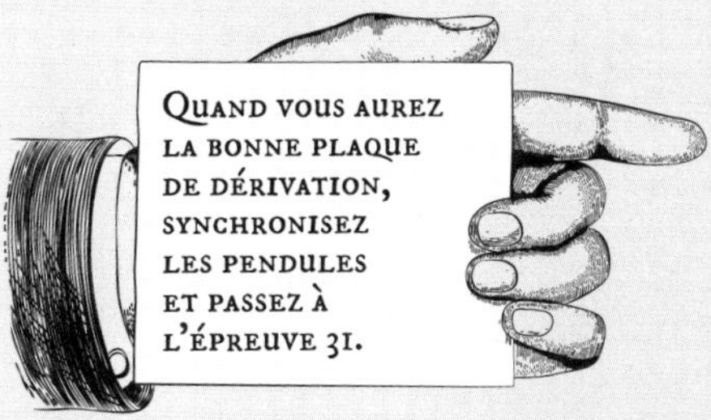

31

Rapportez les instruments

Vous déclenchez l'horloge, puis vous repartez tous deux sans tarder vers le Grand Escalier. Comme l'horloger l'avait prédit, le carillon est sonore et dérange le steward qui se retourne. Plusieurs passagers près de lui en profitent pour l'attraper et le déséquilibrer.

Paniqué, l'employé se débat et s'échappe dans un couloir. Les passagers effrayés n'ont plus l'air de savoir s'il est prudent ou non de gravir l'escalier. Alors qu'ils s'inquiètent de leur sort, l'atmosphère est tendue, la peur palpable.

Soudain, vous entendez quelque chose d'étonnant. De la musique ! Tout le monde se retourne et constate que l'orchestre à bord s'est installé et s'est mis à jouer. Sa belle mélodie est si surprenante que les tensions commencent à s'apaiser...

Mais quelque chose ne va pas... ou manque, plutôt.

Certains des musiciens ne jouent pas et se tiennent au milieu de la foule. Il n'y a pas de piano. L'un d'eux se dirige vers vous. Il vous a vu plus tôt et semble vous reconnaître. Votre déguisement est bien inutile à présent !

« Je suis Jock. Je suppose que vous n'avez pas un piano de rechange en poche. Certains de nos instruments ont été un peu abîmés. »

« De quoi avez-vous besoin ? » demandez-vous. Si les musiciens sont plus nombreux à jouer, les passagers se calmeront peut-être et il sera plus facile de monter l'escalier.

« Il nous faut un violoncelle, un violon et une contrebasse. Oh, et ce fameux piano !

– J'ai un piano dans ma cabine sur ce pont ! s'exclame un gentleman moustachu près de vous. Vous le trouverez dans la B20. »

Vous réalisez alors... que c'est William Bailey !

Il se penche et vous glisse : « Nous parlerons dans un moment. Aide-moi à transporter ce piano. »

Jock explique que certains musiciens ont des instruments de rechange dans leur cabine. Comme il y a du bruit et qu'ils sont trop loin, vous devrez les chercher avec William sans demander de l'aide aux musiciens. Si seulement Jock se souvenait de leurs numéros de cabines...

« La cabine du violoniste est assurément de l'autre côté de ce couloir, dit-il de façon presque incohérente. J'ai tourné à droite en quittant la mienne pour y accéder. Mon numéro de cabine ? Hum... J'ai accroché une cravate à la poignée pour la retrouver. Le contrebassiste était mon voisin... mais de quel côté ? Il se plaignait du bruit du violoncelliste, même s'ils étaient séparés par une cabine et que moi, je ne l'entendais pas. Oh, et je devais tourner à gauche pour aller chez le violoniste, mais il a changé de chambre, car il n'aimait pas être en face du contrebassiste. C'est drôle, car le son du piano dans la chambre d'à côté l'a rendu fou ! »

Contrebasse

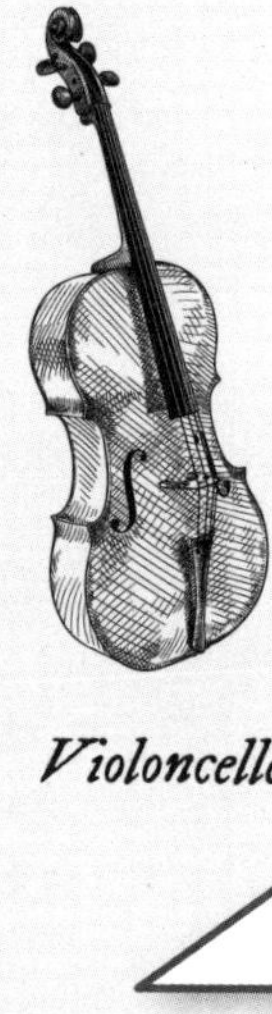

Violoncelle

Violon

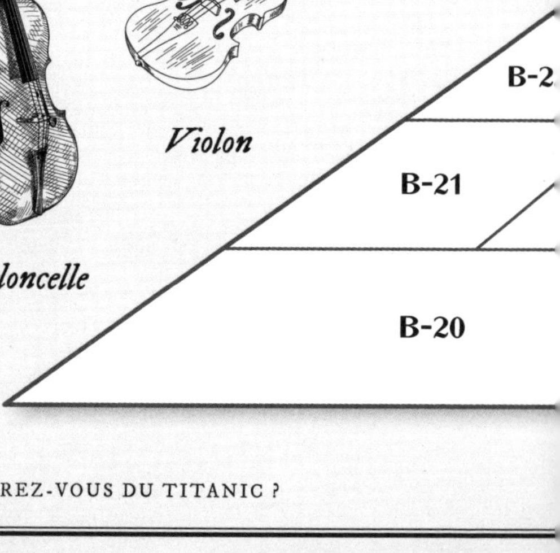

Avec William, vous allez à la B20 récupérer le piano. L'instrument vacille sur ses roues, mais au bout de 30 secondes, vous l'avez poussé de 4,5 mètres. Il faut trouver le reste des instruments. Après l'avoir poussé pendant 1 minute et 50 secondes, vous voyez une cravate nouée à la poignée d'une cabine à votre gauche.

Dans quelle chambre se trouve quel instrument ?

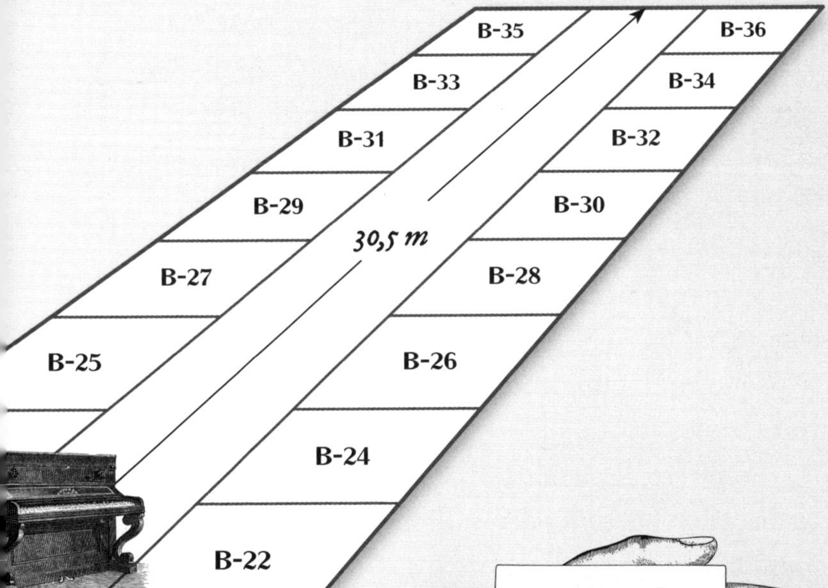

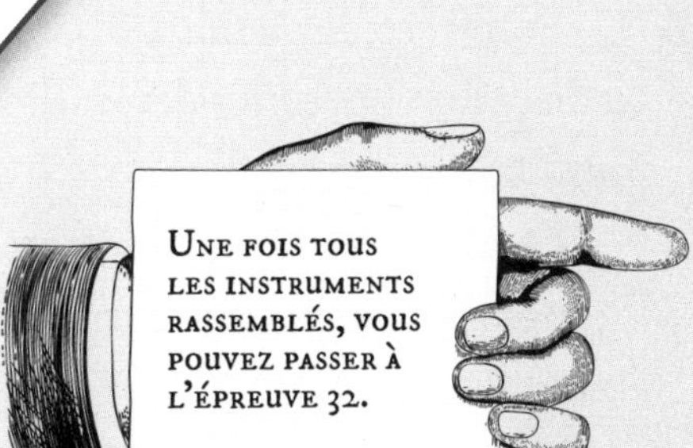

32

Comptez les balles

Vous apportez les instruments à l'orchestre reconnaissant qui attaque aussitôt le morceau Alexander's Ragtime Band *et remonte ainsi le moral des passagers présents. Ils se mettent à gravir l'escalier avec plus d'entrain. Vous allez les rejoindre, mais William vous rattrape.*

« Suis-moi ! » Quand il travaillait avec vous aux chantiers Harland & Wolff, William était hirsute et portait des vêtements de travail tachés. Malgré sa barbe bien taillée et son costume élégant, c'est bel et bien le même homme. Comme vous êtes arrivé jusque-là grâce à son aide, vous le suivez.

« Je sais que tu dois être troublé. En vérité, j'ai été engagé par un riche gentleman qui comptait voyager sur ce paquebot. Il craignait que son frère ne tente de le voler, voire le tuer.

– Son frère, le vicomte Sharp ? dites-vous en le suivant en direction des suites des millionnaires, les cabines les plus luxueuses à bord.

– Oui, le vicomte est son frère. Mon employeur, l'honorable Linnaeus Sharp, est également un de mes amis chers.

PONT A (PROMENADE)

– Le vicomte Sharp est particulièrement dangereux, poursuit-il. Aussi, pour protéger mon employeur, j'ai cherché à transformer la conception même du vaisseau. C'est pour cela que j'ai travaillé avec toi aux chantiers. J'ai installé divers dispositifs secrets, des passages et des issues de secours. Tu en as déjà utilisé certains, je crois bien.

– Et tu m'as encouragé à monter à bord ? demandez-vous.

– Tout à fait. Je sentais qu'un bel avenir t'attendait. Mais je n'ai pas anticipé que le bateau allait percuter un iceberg... » Il hoche la tête, puis prend un air décidé.

« Allons chercher Linnaeus Sharp avant de prendre un canot... »

Mais en passant devant un portrait accroché sur un papier peint aux motifs complexes, vous notez que quelqu'un a percé des trous à l'endroit des yeux. Vous le signalez à William qui désigne un hublot voisin...

Soucieux, il examine le trou dans le verre du hublot au moment où un cri résonne dans le salon proche. Vous vous précipitez et trouvez le steward de tout à l'heure, qui braque son arme sur celui qui doit être Linnaeus.

« Vous deux ! Reculez ! crie le steward. J'ai des balles et je n'aurais pas peur de m'en servir.

– Même pour abattre des innocents ? remarque William en levant les mains en l'air.

– Le vicomte m'a promis que je ne subirais aucune conséquence. Et de toute façon, qu'est-ce qu'un corps de plus ou de moins au fond de la mer ? » grogne-t-il. Il est clairement dérangé et vous savez, après vos deux précédentes rencontres avec lui, qu'il n'hésitera pas à tirer. Soudain, William fait un bond en avant. Le steward arme le chien de son revolver.

Vous pouvez esquiver. Ou vous jeter sur lui. Ou, héroïquement, vous placer devant William. Vos pensées se bousculent : il n'a pas rechargé. Sur les six balles de son revolver, combien lui en reste-t-il ?

LORSQUE VOUS SAUREZ COMBIEN IL RESTE DE BALLES, AGISSEZ ET, AVEC UN PEU DE CHANCE, PASSEZ AU PONT DES EMBARCATIONS.

CHAPITRE 9

PONT DES EMBARCATIONS

— 33 —

Envoyez un message

Vous parvenez à arracher Linnaeus Sharp des griffes du steward. Ce dernier part en hurlant. Vous retournez tous les trois jusqu'à l'escalier que vous montez avec prudence. Vous atteignez le dernier pont, celui des embarcations. Vous avez bien cru ne jamais y arriver.

Dans l'obscurité, il règne un mélange d'ordre et de chaos. Les stewards et d'autres membres d'équipage guident les passagers vers les canots. Quelques-uns ont déjà été mis à la mer.

Vous cherchez Linnaeus et William. Vous voyez qu'ils se sont éloignés et aident à charger les canots. Vous supposiez qu'un canot les attendait. À présent, vous vous demandez s'ils ne sont pas plutôt venus ici pour aider à évacuer les femmes et les enfants, qui sont prioritaires. William Bailey revient.

« Je sais que tu veux quitter le bateau. Cela va peut-être être possible. Mais j'ai encore besoin de ton aide. »

Vous n'avez pas le temps de poser de questions. William vous présente aussitôt à un homme et, abasourdi, vous comprenez qu'il s'agit du capitaine. L'instant suivant, William a disparu de nouveau. À la fois horrifié et déterminé, le capitaine a une tâche à vous confier.

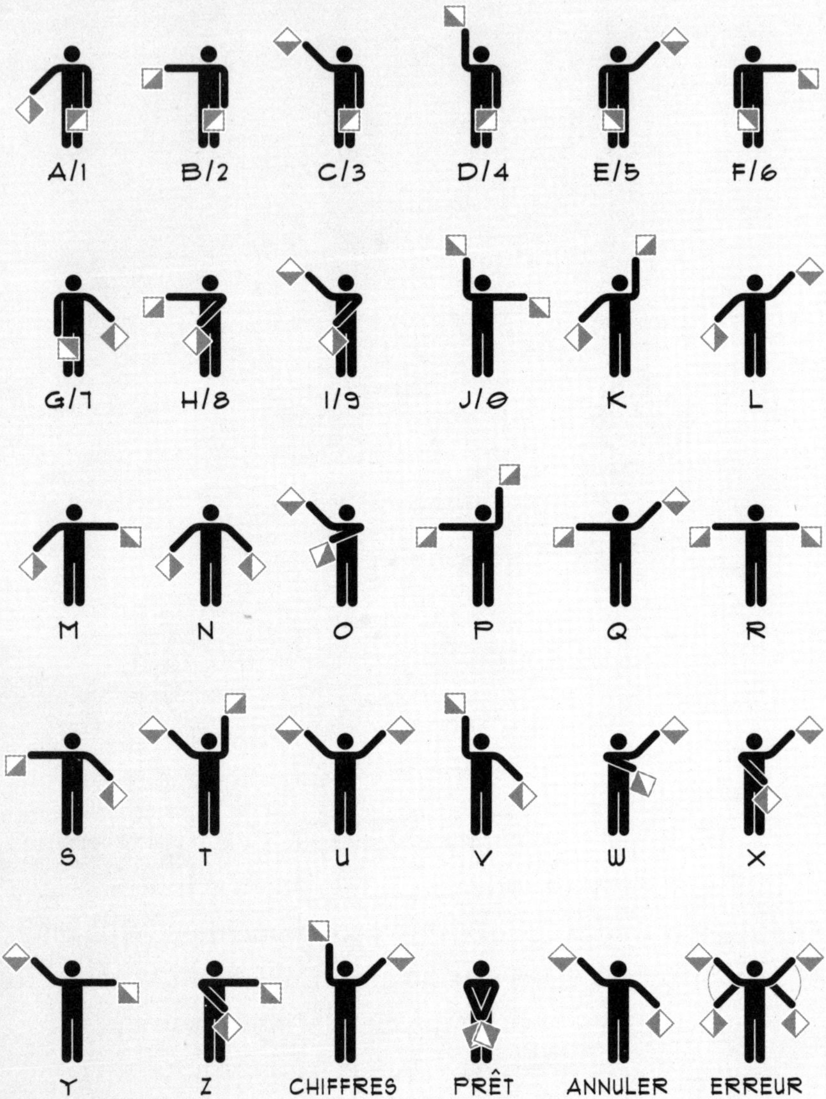
A/1
B/2
C/3
D/4
E/5
F/6
G/7
H/8
I/9
J/0
K
L
M
N
O
P
Q
R
S
T
U
V
W
X
Y
Z
CHIFFRES
PRÊT
ANNULER
ERREUR

« Je sais de source sûre que vous connaissez l'alphabet sémaphore. Nous sommes en sous-effectif et c'est le chaos sur le pont alors que nous tentons d'évacuer les femmes et les enfants... et je viens d'apprendre que nos télégraphistes ont envoyé la mauvaise position aux potentiels vaisseaux de secours. »

Il soupire et poursuit.

« L'officier Boxhall calcule notre vraie position à l'autre bout du pont et va utiliser le sémaphore pour l'indiquer. Pouvez-vous aller à l'entrée de la salle Marconi et vérifier qu'il la leur transmet dès que vous voyez ses signaux ? » Vous ne pouvez qu'acquiescer, car pour l'instant, vos chances de monter dans un canot sont minces et aider le capitaine les augmentera peut-être.

Vous allez devant la salle Marconi où travaillent les télégraphistes. Peu après, vous voyez un homme, sans doute l'officier Boxhall, agiter deux drapeaux de sémaphore. Vous vous remémorez le système et notez les chiffres, même s'il est difficile de voir dans le noir.

Soudain, à cause d'une bourrasque et d'une embardée du bateau, Boxhall perd les deux drapeaux. Il n'était qu'à quatre chiffres de la fin !

Linnaeus et William ne sont pas loin et après avoir parlé à Boxhall, ils prennent deux couvertures assez transparentes que quelqu'un a apportées sur le pont pour se réchauffer. Ils se mettent à les agiter devant l'une des cheminées.

Les formes obtenues ressemblent à l'alphabet sémaphore, même si vous ne reconnaissez pas les symboles. Ils sont peut-être confus.

Vous leur faites signe en haussant les épaules. Ils discutent brièvement, avant de vous pointer du doigt tout en tournant leurs têtes à environ 45 degrés.

Vous n'avez d'abord pas idée de ce que cela signifie. Soudain, vous comprenez et réussissez à décoder les quatre derniers chiffres de la position du bateau.

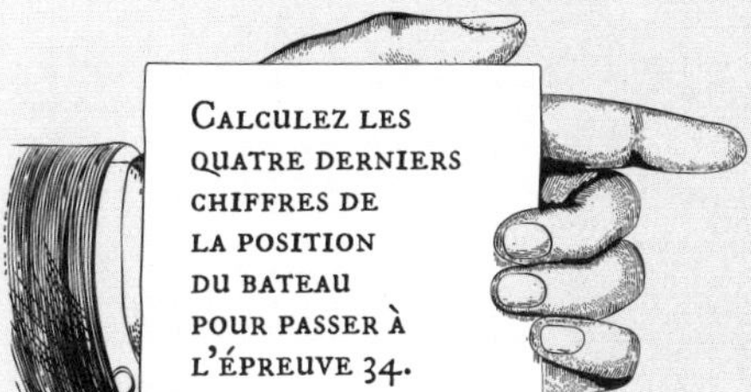

34

Contrecarrez Sharp

Le capitaine semble content de vous, mais il est débordé et s'éloigne. Au moment où vous allez partir, vous sentez une tape sur votre épaule. Avant même de vous retourner, vous savez de qui il s'agit : Sharp.

Vous n'avez plus peur de lui. Et il a pourtant abandonné sa fausse bonhomie. Son visage est un masque de haine.

« Un clandestin ! » siffle-t-il. Deux marins musclés arrivent, accompagnés par un homme qui, soupçonnez-vous, doit être le maître d'armes. « Cette... personne est un passager clandestin. Un parasite niché dans le sein du bateau. Et c'est également un assassin. C'est lui qui a tué M. Demone ! » Les membres d'équipage vous toisent. Le maître d'armes plisse les yeux. « Oui, j'ai entendu parler d'un clandestin. » Il vous pointe du doigt... « J'ai entendu parler d'un passager clandestin courageux qui a aidé et sauvé de nombreuses personnes à bord. » Et il se tourne et fixe Sharp. « Et j'ai entendu dire de source sûre que c'est un passager de première classe qui a tué Demone. Un vicomte. »

PONT DES EMBARCATIONS

Vous êtes stupéfait quand, par magie, le comportement de Sharp change immédiatement.

« Sauf votre respect, m'sieur, j'ai pas voulu faire le héros, dit-il avec un fort accent cockney. J'ai écouté que mon bon cœur. Puis le vicomte m'a menacé, m'a dit de zigouiller M. Demone, sinon il allait me faire une boutonnière ! On a échangé nos vêtements, il m'a dit de jouer le bourge... »

Sharp s'effondre et se tord les mains. « Mais j'ai pas pu le faire. Quand je l'ai vu, là, je me suis dit que pour que vous m'écoutiez, je devais me faire passer pour lui. Je suis vraiment désolé. »

Curieusement, son bluff fonctionne et son cabotinage semble avoir de l'écho. Vous envisagez de plaider votre cause, mais vous savez que vous ne serez pas à sa hauteur. Le maître d'armes reste un peu sceptique et se tourne vers Sharp pour l'interroger sur ce qu'il a fait à bord.

Tandis que Sharp répond, vous remarquez des incohérences dans son récit. Si vous les soulignez au maître d'armes, vous pourrez peut-être prouver votre identité.

Maître d'armes : Il paraît que vous avez sauvé un homme tatoué de la noyade dans un bain d'eau minérale ?

Sharp : Non, dans une piscine. Il a dû se cogner la tête contre le plongeoir. Il a eu de la chance de ne pas s'électrocuter avec le câble !

a) C'était un bain d'eau minérale.
b) Il n'y avait pas de plongeoir.
c) Il n'y avait pas de câble.

Maître d'armes : Vous avez aidé Myron Finsdale et Clemmie Nithercott quand elle s'est cassé la jambe ?

Sharp : Oui. Comme il était très malade, ils ont choisi de rester ensemble dans la bibliothèque.

a) Leurs noms de famille sont inversés.
b) Elle s'est cassé le bras.
c) Ils ne sont pas restés dans la bibliothèque.

Maître d'armes : Vous avez coupé les cheveux d'un passager de troisième classe pour qu'il passe inaperçu à bord ?

Sharp : Non. C'est parce qu'il avait deux tickets de deuxième classe. Je lui ai fait la coupe Hourra Henry. La Bonjour Georges aurait été plus convaincante, car c'est la deuxième coupe la plus rapide à faire.

a) Le passager n'avait pas de tickets.
b) Vous ne lui avez pas fait la Hourra Henry.
c) La Bonjour Georges n'est pas la deuxième coupe la plus rapide.

Maître d'armes : Et vous n'avez pas volé le sac de Linnaeus Sharp dans la soute à bagages ?

Sharp : J'ai accidentellement aidé cet homme à le faire et compris mon erreur après. Le sac appartient à un soigneur qui utilise des plantes comme la *Dionaea muscipula*.

a) Vous avez volé le sac dans sa cabine.
b) Vous avez dit que c'était le sac de votre frère.
c) La *Dionaea muscipula* n'est pas médicinale.

Maître d'armes : N'avez-vous pas sauvé cet homme, menotté à une couchette ?

Sharp : Si, monsieur !

Maître d'armes : Alors cette question est la clé : si A + B = D, à quoi est égal C + E ?

a) A
b) D
c) B

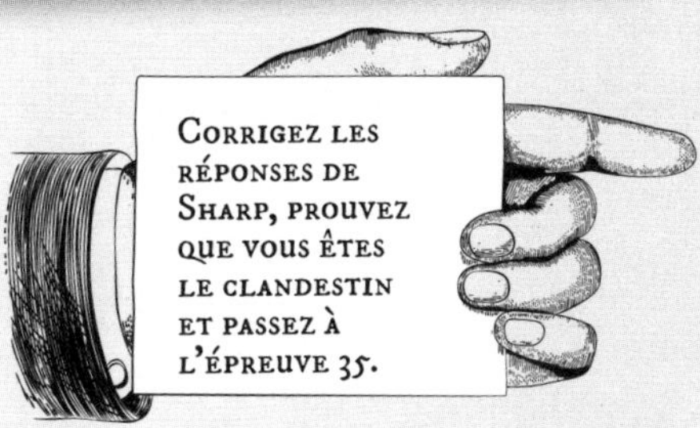

35

Ouvrez la montre

Le maître d'armes semble convaincu que vous êtes bien le clandestin. Le visage de Sharp reprend sa grimace de mépris aristocrate coutumière lorsqu'il remarque quelque chose derrière vous. « Ah, la providence. Au revoir ! » Avec l'agilité d'une ballerine, il vous esquive tous en un éclair et vient coller son couteau contre la gorge de son frère.

« Ravi de te voir, Cloporte, crache-t-il. Nous sommes au bon endroit. » Ils se tiennent près du mât de la vigie et il fait signe à son frère de commencer à monter. Il le suit. « Tu ferais bien de venir aussi, le clandestin », gronde-t-il.

Vous vous tournez vers les marins et le maître d'armes. Le bateau grince de façon alarmante et les passagers paniquent.

« Je m'en occupe. Continuez à charger les canots », dites-vous.

PONT DES EMBARCATIONS

Quand vous êtes au sommet, Sharp, qui menace toujours son frère, utlise la clé volée à Demone pour ouvrir une boîte. « C'est la boîte où ils rangent les jumelles, dit-il avec un sourire mauvais. Mais à la place, il y a ça. »

Il brandit une montre à gousset très décorée.
Elle est ovale, comme un œuf.

« Enfin à moi ! dit-il, avec une joie maniaque. L'Œuf du *Titanic*. Comment l'ouvre-t-on ? » demande-t-il à son frère.

« Je l'ignore », répond Linnaeus.

« Ne fais pas l'idiot ! hurle Sharp. C'est toi qui l'as fait fabriquer. »

« C'est en réalité un cadeau d'Alexander Cronos, un ami horloger », vous dit-il.

« L'homme tatoué ? » demandez-vous. Il sourit. « Bien sûr, vous lui avez sauvé la vie. Oui, il l'a fabriqué pour moi, pour me remercier de tout le travail que je lui ai donné. Il a fabriqué les horloges de toutes mes serres sur le continent. Stockholm, Édimbourg, Prague... »

VI
VII
VIII
III
IX
V
I
II

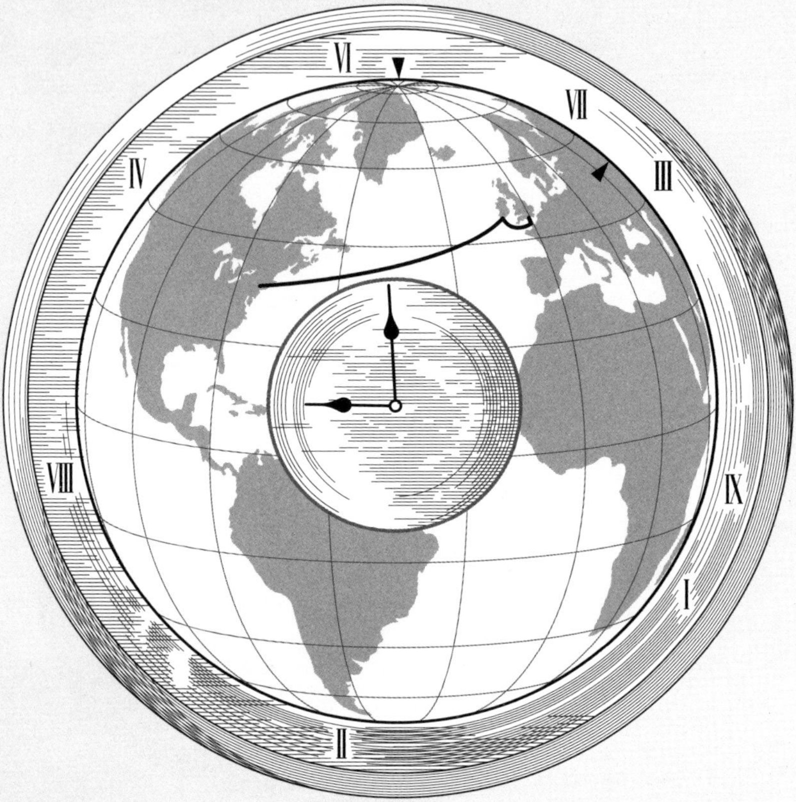

« Tais-toi ! crie Sharp. Tu obtiens toujours tout ! Eh bien, pas cette fois ! C'est à moi. » Il scrute le cadran de la montre et tente de l'ouvrir.

« Que veux-tu dire ? demande Linnaeus, troublé. Tu es l'aîné, tu as hérité du titre, du domaine, de l'argent... »

Sharp tend son couteau, accusateur.

« Rien de cela ne compte. Tu as toujours été le préféré. Tes promenades avec père dans sa propriété... Et moi, je me retrouve avec un vieux manoir en ruine et à peine assez d'argent pour survivre tandis que tu gagnes une fortune en vendant des fleurs à des idiots. »

« Tu as joué ton argent. Et il n'y a pas que des fleurs, mes arboretums... »

« Silence ! » Sharp l'interrompt. « J'ai appris que tu allais prendre ce nouveau bateau, le *Titanic*, et que ton ami te fabriquait une montre unique, la réplique d'un mécanisme allemand vieux de 400 ans ! Avec, à l'intérieur, ton "bien le plus précieux" m'a-t-on dit. J'ai su qu'il me le fallait. Ça doit être un diamant énorme ou un artefact rare que je revendrai des millions. » Sharp vous lance la montre avec nonchalance.

« Tiens ! Un casse-tête. Il y a un compartiment secret. Ouvre-le et je partagerai le contenu avec toi. Si tu échoues, je vous étripe, toi et mon frère. »

Il désigne l'image du globe terrestre sur le cadran. Vous remarquez un trait qui indique le parcours prévu du *Titanic* à travers l'Atlantique, de son point de départ à celui d'arrivée.

« Tu peux faire tourner le cadran du globe », dit-il. Vous le faites et notez qu'il tourne en douceur avec des clics, tandis que les aiguilles au centre restent immobiles, comme les chiffres romains sur l'anneau autour.

« Tout ce qu'a pu me dire Alexander Cronos, c'est : "La montre s'ouvrira quand j'appuierai sur la position marquée. Le départ et l'arrivée doivent être dans mes mains. Et ci-dessus, comme ci-dessous." »

Cela vous incite à examiner le dessous de la montre. En la retournant, vous découvrez d'autres anneaux mobiles avec les points cardinaux, des flèches et des symboles étranges. L'anneau aux symboles périphériques peut tourner, mais l'anneau central et celui avec les points cardinaux restent statiques. Cette énigme semble bien plus difficile à résoudre que les autres. Vous devez trouver dans quelle direction tourner le globe et de combien de crans. Perplexe, vous regardez Linnaeus.

« Le texte en latin dit, "Pars à la minute. Arrive à l'heure" », explique-t-il. Vous comprenez vite jusqu'où vous devez tourner la montre et réalisez qu'il en est de même pour la partie du dessous. Ce que cela révèle vous aidera à déduire l'endroit où appuyer sur le globe.

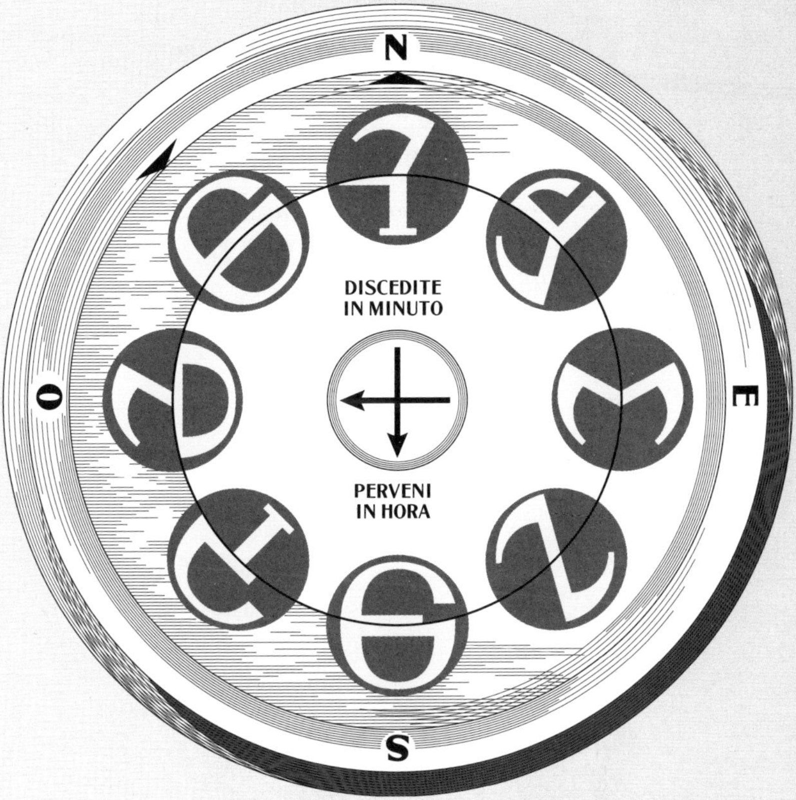
N
O
E
S
DISCEDITE
IN MINUTO
PERVENI
IN HORA

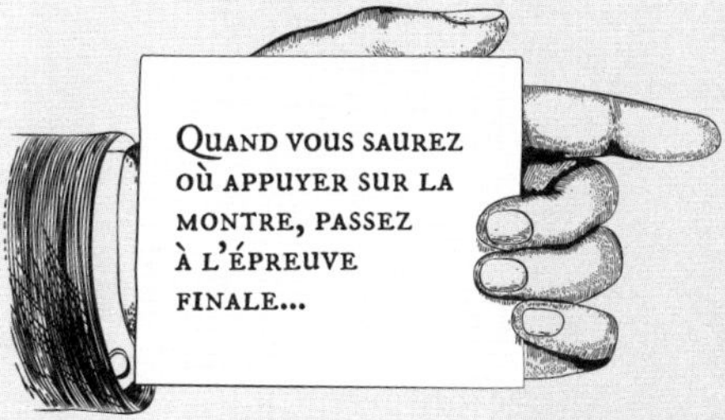
Quand vous saurez
où appuyer sur la
montre, passez
à l'épreuve
finale...

36

Évadez-vous du *Titanic*

Vous appuyez au bon endroit et entendez un petit clic. La montre s'ouvre... Sharp se penche avec vous pour découvrir l'intérieur : un gland ! Sharp est stupéfait.

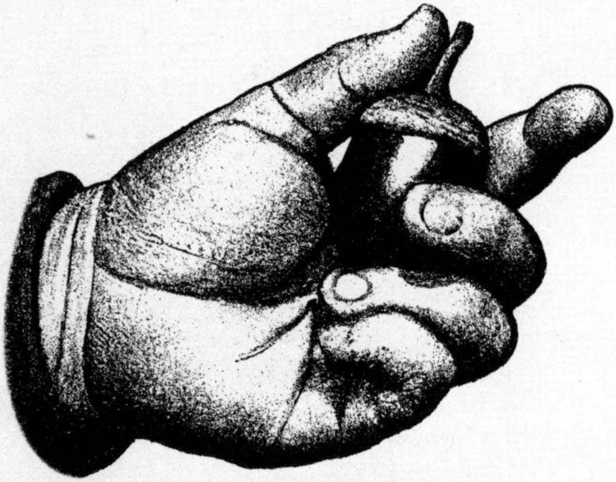

« Un gland ? Attends... Ça doit être un joyau camouflé ! Ou un indice pour trouver un trésor », bredouille-t-il. Linnaeus sourit et hoche la tête. « Non, cher frère, c'est un simple gland. Quand j'avais six ans, je suis allé dans les bois près de chez nous avec père. Il a ramassé ce gland, m'a parlé des arbres, m'a expliqué qu'en partant d'une graine, ils pouvaient devenir immenses, être transformés en maisons, en calèches, voire en mâts de navires. Ce fut le début de ma vocation. » Frénétique, Sharp secoue la tête. « Non, non ! »

« C'est la vérité. Il t'en a donné un, un jour. Tu l'as jeté au chien. » Sharp pâlit.

« Mais j'ai passé tant de temps à planifier tout cela... Des mois et des mois à verser des pots-de-vin et à passer des accords avec des gangsters ! Ils m'ont trahi, m'ont attaché à une couchette, je me suis enfui, je suis arrivé ici... Tout ça pour un gland ? »

Linnaeus prend le gland. « Nous choisissons tous comment occuper notre temps, dit-il doucement. Ce sont des montres comme celle-là qui nous ont permis de traverser les océans. Et sur ce bateau, nous n'avons pas de temps à perdre. Retournons sur le pont. »

« Toi d'abord ! » hurle Sharp qui bondit, prêt à pousser son frère hors de la vigie. Vous avez le réflexe de l'écarter. Sharp rate sa cible et perd l'équilibre. Sans pouvoir se rattraper, il tombe du mât vertigineux. En vous penchant tous les deux, vous voyez Sharp plonger dans l'obscurité et passer par-dessus bord, pour sombrer dans les profondeurs de l'eau. Solennellement, vous empruntez l'échelle et redescendez sur le pont. Linnaeus semble accablé.

« Il était cruel, mais c'était mon frère. Merci de m'avoir aidé. » Il remet le gland dans la montre qu'il referme. « Allons prendre un canot. »

Vous retrouvez William Bailey qui organise les embarquements. Apprenant le sort de Sharp, il hoche la tête. « C'est triste mais c'était inévitable. Linnaeus et moi comptons rester à bord jusqu'à la fin. Quant à toi, je te recommande le canot 18. »

A

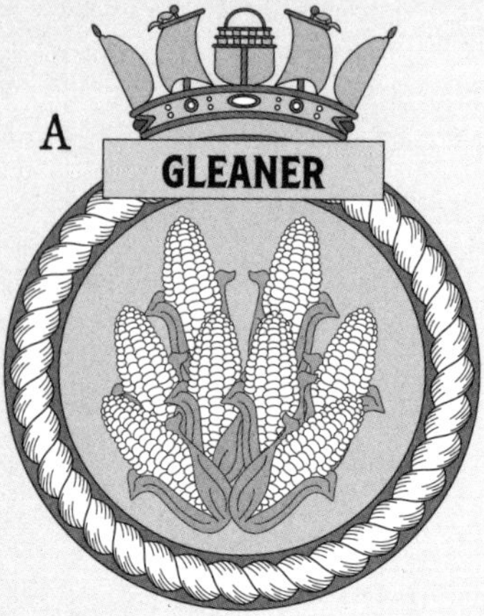

B

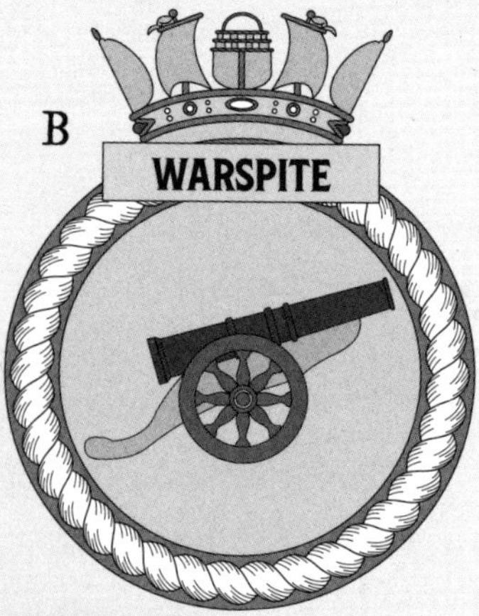

C

Vous suivez son conseil et cherchez le canot numéro 18. Les marins tiennent un décompte non officiel des canots encore à bord ou à la mer. Mais vous constatez qu'ils ont noté des symboles au lieu de numéros.

D

E

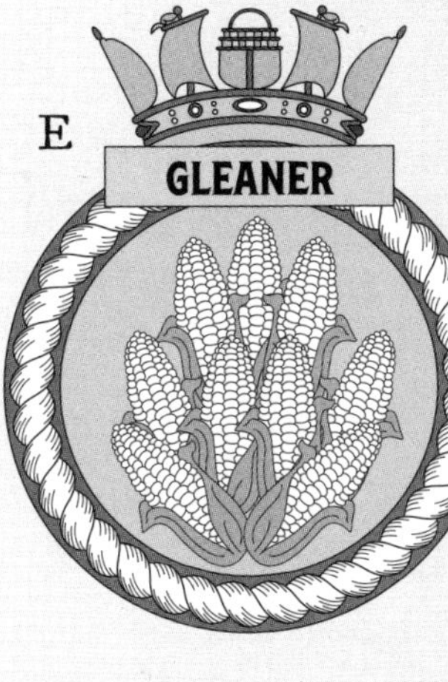

F

Désemparé, vous demandez leur signification à un marin exténué. « C'était un jeu pendant les exercices de sauvetage. On utilisait les insignes des bateaux sur lesquels on avait servi au lieu des numéros. Je ne me rappelle pas comment ça fonctionnait. Je sais que le A est le canot 8. J'espère que cela vous sera utile. »

G

H

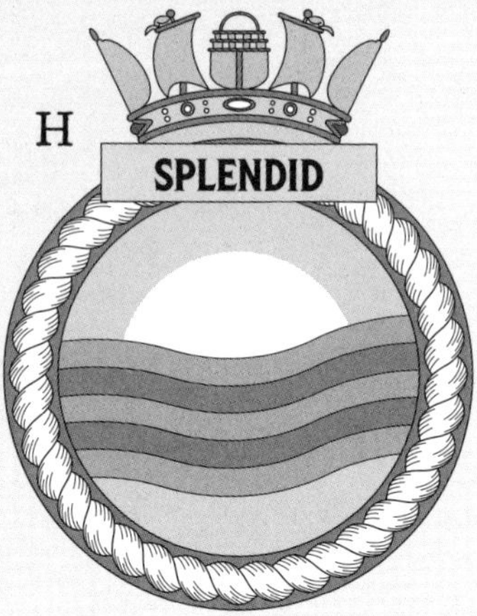

« Il y a quelque chose d'autre qui peut vous aider à trouver votre canot », dit-il en désignant un autre panneau d'affichage. Il part avant que vous lui demandiez de vous indiquer quels sont les numéros. Vous observez le panneau. Il semble couvert d'une sorte d'énigme mathématique, avec des symboles à divers endroits. Vous pouvez vous en servir pour trouver les différentes valeurs et déterminer ainsi quel bateau correspond à quel numéro.

Autour de vous, les gens s'entassent dans les canots que les stewards tentent de remplir en empêchant les hommes de passer avant les femmes et les enfants. Vous sentez que le pont s'incline dangereusement en arrière. Vous vous précipitez vers le canot 18 qui est presque complet, mais personne d'autre n'attend pour monter et il reste une place... Vous voyez alors une femme – épuisée et en détresse – qui porte un bébé et lutte contre le vent. Vous n'hésitez pas un instant.

WARSPITE + WARSPITE + WARSPITE = 21
WARSPITE + SPLENDID + SPLENDID = 17
SPLENDID + (TURBULENT × GLEANER) = 125
TURBULENT + GLEANER + SPLENDID = 32

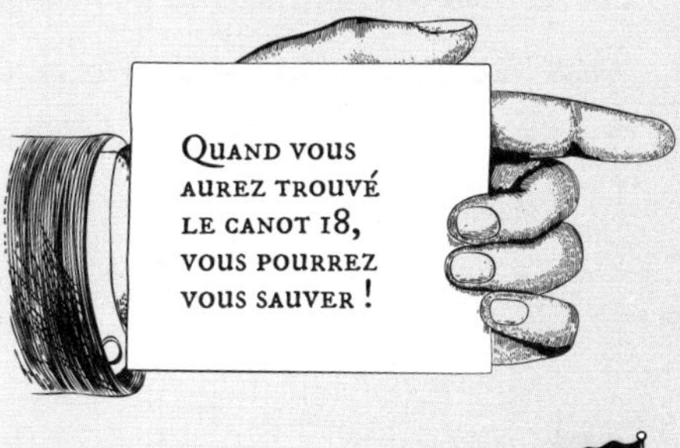
Quand vous aurez trouvé le canot 18, vous pourrez vous sauver !

Vous courez vers la jeune mère et la guidez vers le canot que vous aidez à descendre sur l'eau. En regardant autour de vous, vous réalisez que tout le monde ou presque est parti et qu'une ou deux bagarres ont éclaté sur le pont. Le pont penche de plus en plus et le bateau émet un grondement sonore. Il craque et tremble. C'est la fin.

Le paquebot se brise autour de vous et s'effondre sous son propre poids. Il semble à la fois pencher et se rompre en deux. Quelques secondes avant d'être projeté en arrière, vous pensez apercevoir le visage de William Bailey, vous adressant un dernier sourire triste.

L'eau glaciale vous coupe le souffle. Vous avez l'impression d'être percuté par un train. Vous vous débattez pour rester à la surface. Et vous savez que même en flottant, vous risquez de mourir d'hypothermie en quelques minutes. Mais à l'instant où vous sombrez une troisième fois, une main vous tire et vous fait monter dans un canot.

Vous regardez le visage de votre sauveur... que vous ne reconnaissez pas.

Mais c'est l'ordre des choses. Vous n'avez pas été sauvé grâce à un exploit ou en raison de votre rang social. Vous avez été sauvé grâce à la bonté ordinaire de l'humanité. Le tribut de ce naufrage est très élevé, mais avec beaucoup de talent, de persévérance et de chance, vous vous êtes évadé du *Titanic* !

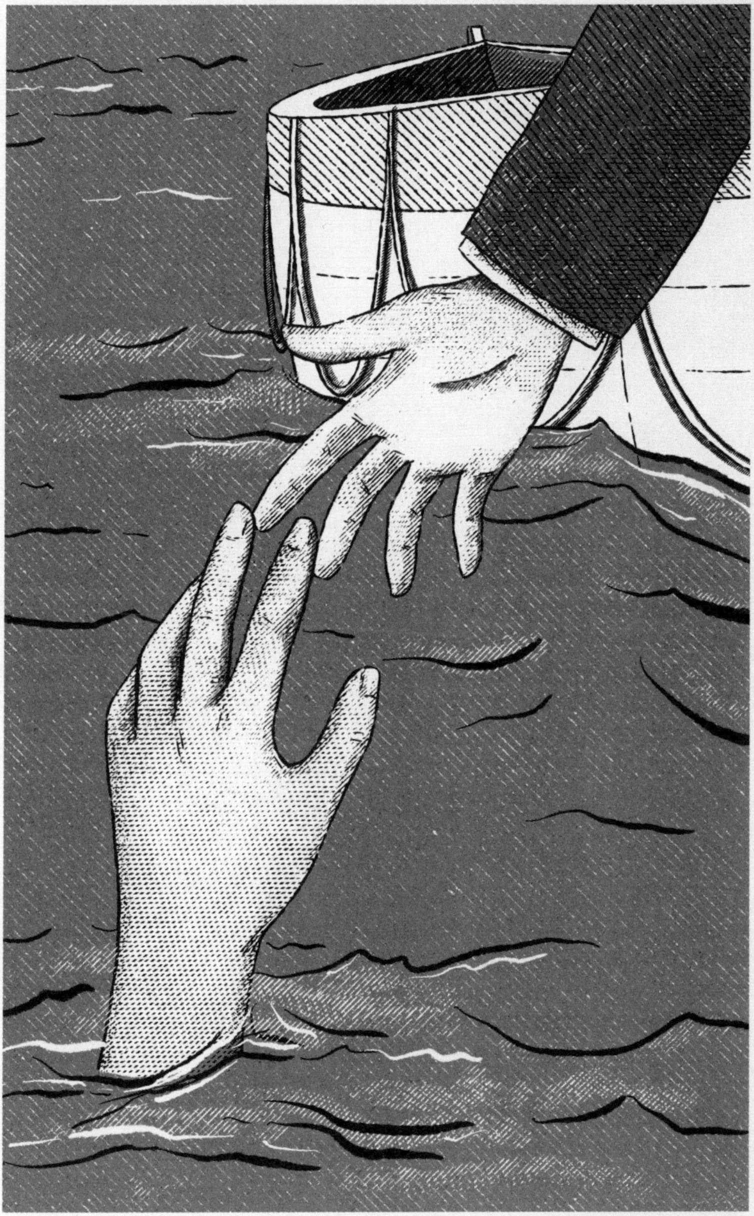

Postface

Aucun des scénarios décrits dans ce livre n'est censé être vrai ni dépeindre de façon réelle les événements tragiques qui ont eu lieu à bord du RMS *Titanic* la nuit du 14 avril 1912. Ils ont été imaginés pour défier ou distraire le lecteur et ne doivent pas être pris pour des faits ou une

réflexion sur les vrais personnages du récit. Le courage et l'héroïsme authentiques de ceux qui ont survécu et qui sont morts au cours de ce drame demeurent une inspiration pour tous.

Indices

1 LISEZ LE PLAN DES PONTS

Indice de 3e classe : Une lettre et un chiffre se trouvent dans l'article de journal.
Indice de 2e classe : William Bailey dit que le pont A mérite un 12.
Indice de 1re classe : Si A = 12, décalez le reste des lettres en fonction de cette valeur.

2 SORTEZ DE LA SOUTE

Indice de 3e classe : Seule une caisse a un poids qui se termine par 3.
Indice de 2e classe : La caisse qu'il faut soulever contient du champagne.
Indice de 1re classe : Une des caisses potentiellement utiles est inaccessible.

3 PURGEZ LES CHAUDIÈRES

Indice de 3e classe : Chaque chauffeur a une qualité qui le rend apte à manier une vanne en particulier.
Indice de 2e classe : Trouver où va chaque chauffeur vous donne un code en cinq lettres.
Indice de 1re classe : Combinez le bon tuyau au numéro à deux chiffres d'ordre des chauffeurs.

4 SUIVEZ LE BON RAT

Indice de 3e classe : La grille ne concerne pas le plan du local, mais les trois listes de coordonnées.
Indice de 2e classe : Les coordonnées créent des images qui indiquent une direction.
Indice de 1re classe : Les rats tournent à gauche, à droite ou vont tout droit selon leur orientation.

5 SAUVEZ SHARP

Indice de 3e classe : Les indications de Sharp sont dans le sens inverse du trajet que vous devez parcourir.
Indice de 2e classe : Une seule couchette peut être atteinte en suivant les indications de Sharp.
Indice de 1re classe : Les indications donnent un chemin en forme de croix dans la partie la plus large de la pièce.

6 TROUVEZ LE BON SAC

Indice de 3e classe : Le frère de Sharp n'est pas jardinier.
Indice de 2e classe : Le jardin botanique est fréquenté par la profession médicale.
Indice de 1re classe : Un des symboles est lié à la vraie profession du frère de Sharp.

7 TROUVEZ LE BON CASIER

Indice de 3e classe : Il y a un indice dans le cachet de la poste.
Indice de 2e classe : Les chiffres du code postal donnent un chemin.
Indice de 1re classe : Le cachet de la poste donne aussi la dernière direction.

8 FRANCHISSEZ LA PORTE

Indice de 3e classe : Prenez une grande inspiration et regardez attentivement.
Indice de 2e classe : Le chemin à emprunter passe deux fois par « Moitié ».
Indice de 1re classe : Cherchez les hublots, mouettes et nuages de vapeur supplémentaires.

9 TROUVEZ LA BONNE PORTE

Indice de 3e classe : S'il y en a deux qui disent la vérité, les trois autres mentent.
Indice de 2e classe : Ils savent la vérité, mais les chiffres flottent.
Indice de 1re classe : Les portes sont numérotées de 11 à 15.

10 SAUVEZ L'HOMME QUI SE NOIE

Indice de 3e classe : Vous devrez prendre un long chemin.
Indice de 2e classe : La ligne entre l'homme et la serviette est la plus courte.
Indice de 1re classe : La ligne de la bouée passe sous celle de la serviette et au-dessus de celle de l'interrupteur.

11 INTERPRÉTEZ SES TATOUAGES

Indice de 3e classe : Il est superstitieux.
Indice de 2e classe : Il ne veut pas voir la mer.
Indice de 1re classe : Regardez le numéro de cette épreuve.

12 OUVREZ LA TRAPPE

Indice de 3e classe : La boussole a la même forme que votre route vers la sortie.
Indice de 2e classe : Les heures réelles sont moins importantes que leurs directions relatives.
Indice de 1re classe : L'ouest est en sens horaire, l'est en sens antihoraire.

13 COUPEZ LES CHEVEUX

Indice de 3e classe : Gagnez du temps en prenant la tondeuse.
Indice de 2e classe : Trouvez d'abord combien de temps prend Le Baron.
Indice de 1re classe : Un seul des deux styles les plus rapides permet de se fondre dans la foule.

14 ÉVITEZ LA LUMIÈRE

Indice de 3e classe : Il n'y a qu'un parcours sûr.
Indice de 2e classe : Si vous mouillez vos pieds, faites deux pas sur place.
Indice de 1re classe : La droite est la bonne direction.

15 TROUVEZ LE BON AIR

Indice de 3e classe : Cherchez les notes répétées.
Indice de 2e classe : Ce n'est pas un titre français.
Indice de 1re classe : La note Fa fait référence à la lettre E.

16 Répondez à ses questions

Indice de 3e classe : Les réponses sont sous vos yeux.
Indice de 2e classe : Le vin se sert par la droite.
Indice de 1re classe : Sharp ne vous a jamais donné son nom complet.

17 PRÉPAREZ UN COCKTAIL

Indice de 3e classe : Chaque symbole a trois éléments différents.
Indice de 2e classe : Trouvez les ingrédients qui manquent.
Indice de 1re classe : Les symboles indiquent la couleur, la forme et l'étiquette de la bouteille.

18 RETOURNEZ LA SITUATION

Indice de 3e classe : Le premier picross vous donne la partie manquante du second.
Indice de 2e classe : Le premier picross est asymétrique.
Indice de 1re classe : Le second vous montre où vous êtes.

19 TROUVEZ UN AMI

Indice de 3e classe : Les deux lettres sont datées à deux jours d'écart, tous deux des lundis.
Indice de 2e classe : La construction vient en général avant le lancement.
Indice de 1re classe : Les cheveux sont plus courts après une coupe.

20 AIDEZ LE DOCTEUR

Indice de 3e classe : Vous avez déjà vu des chiffres comme ceux-là.
Indice de 2e classe : Regardez les objets que tiennent les gens.
Indice de 1re classe : Vous ne pouvez passer que devant des gens qui sourient.

21 CONDUISEZ-LA À SA CHAMBRE

Indice de 3e classe : En comparant les poids, vous pourrez traduire le poids en couverts de tous les objets.
Indice de 2e classe : Si quatre sets de couverts = deux bols en argent, alors quatre sets de couverts = un chandelier.
Indice de 1re classe : En additionnant tous les objets et en divisant le résultat, vous aurez la réponse.

22 TROUVEZ SON DOSSIER

Indice de 3e classe : Notez le nombre de rangées et de colonnes de tiroirs.
Indice de 2e classe : Chaque couleur a dix cartes chiffrées et trois figures.
Indice de 1re classe : Classez les couleurs par ordre alphabétique.

23 OUVREZ LA BOÎTE

Indice de 3e classe : Deux des masques peuvent être lus à l'envers.
Indice de 2e classe : Regardez le nombre de traits de chaque rune.
Indice de 1re classe : Faites attention à quel œil et quelle dent ont été perdus pour identifier les frères.

24 RÉSOLVEZ LE MYSTÈRE

Indice de 3e classe : Les têtes des myroglyphes regardent dans des directions différentes.
Indice de 2e classe : Certaines lignes sur les livres forment un chemin.
Indice de 1re classe : La note de Myron vous dira quelles lignes suivre.

25 DÉGUISEZ-VOUS

Indice de 3e classe : Les objets du tableau sont placés d'une façon qui correspond à l'agencement de la chambre.
Indice de 2e classe : La chose au sol est une housse de cage, pas un tapis.
Indice de 1re classe : Tenez la page devant une lumière pour voir comment les objets s'alignent.

26 TROUVEZ LES ERREURS

Indice de 3e classe : Regardez de plus près la fourche de Poséidon.
Indice de 2e classe : Il manque des membres à l'Homme de Vitruve.
Indice de 1re classe : Les quatre erreurs communes forment un ensemble que vous trouvez à table.

27 DÉCODEZ LE MESSAGE

Indice de 3e classe : La clé offre un indice.
Indice de 2e classe : 2 est un nombre premier.
Indice de 1re classe : 89 est le 24e nombre premier.

28 BATTEZ-VOUS CONTRE SHARP

Indice de 3e classe : Impossible de vous battre si vous êtes sur le dos.
Indice de 2e classe : Les parades qui commencent debout sont très utiles.
Indice de 1re classe : Votre dernière parade est bien nommée.

29 RÉSOLVEZ L'ÉNIGME DE L'ARTISTE

Indice de 3e classe : Tracez des traits entre les endroits cités.
Indice de 2e classe : Ces aiguilles ne sont pas dans une botte de foin.
Indice de 1re classe : Les parts de tarte peuvent ressembler à autre chose.

30 RECONNECTEZ L'HORLOGE MÈRE

Indice de 3e classe : L'ordre du circuit est en bas de la page.
Indice de 2e classe : Les aiguilles de la pendule vous donnent les directions.
Indice de 1re classe : Tracez une ligne pour l'aiguille des heures, une pour les minutes, et continuez.

31 RAPPORTEZ LES INSTRUMENTS

Indice de 3e classe : S'il faut 30 secondes au piano pour faire 4,5 mètres, où est-il au bout de 110 secondes ?
Indice de 2e classe : Depuis quelles chambres entendrait-on le piano ?
Indice de 1re classe : La cabine du violoniste ne peut-être que dans une moitié du couloir.

32 COMPTEZ LES BALLES

Indice de 3e classe : Il a tiré deux fois avant que vous atteigniez cette épreuve.
Indice de 2e classe : Les deux images ont des impacts de balles.
Indice de 1re classe : Regardez bien le motif du papier peint.

33 ENVOYEZ UN MESSAGE

Indice de 3e classe : Regardez les figures des drapeaux et celles des couvertures.
Indice de 2e classe : Pencher la tête est utile.
Indice de 1re classe : Trois des signes sont divisibles par deux.

34 CONTRECARREZ SHARP

Indice de 3e classe : Toutes les réponses sont dans les chapitres 2 à 6.
Indice de 2e classe : Professeur Myron Nithercott.
Indice de 1re classe : La forme de la clé est la clé.

35 OUVREZ LA MONTRE

Indice de 3e classe : De combien de degrés devez-vous tourner le globe et dans quel sens ?
Indice de 2e classe : Tournez les symboles en haut du même montant pour former des chiffres.
Indice de 1re classe : Reliez les nombres pour trouver le X qui indique l'endroit.

36 ÉVADEZ-VOUS DU *TITANIC*

Indice de 3e classe : Tous les symboles de bateaux sont subtilement différents.
Indice de 2e classe : Regardez avec soin avant de faire les sommes.
Indice de 1re classe : Un épi de blé vaut 1.

Solutions

1 LISEZ LE PLAN DES PONTS

Il vous faut une clé de décryptage pour savoir comment tourner la roue codée. L'article de presse donné par Bailey dit que, « M. Bailey a ajouté que s'il devait noter de 1 à 10 le pont A du *Titanic*, il lui mettrait un 12 ! » Cela indique que dans ce code A = 12. En partant de ce point sur la roue, vous obtenez B = 13, C = 14, etc. Les nombres encodés sur la carte se traduisent en noms de ponts : 14/12/25/0/5/4 = CANOTS ; 3/15/7/20/14/20 = RDV ICI ; 1/12/4/4/16/3/16/23/23/16 = PASSERELLE ; 14/12/13/20/25/16/4 = CABINES ; 4/12/23/0/25 = SALON ; 4/6/1/16/3/20/16/6/3 = SUPÉRIEUR ; 24/20/23/20/16/6 = MILIEU ; 20/25/17/16/3/20/16/6/3 = INFÉRIEUR ; 0/3/23/0/1 = ORLOP.

2 SORTEZ DE LA SOUTE

Grâce aux chiffres du bordereau et à un processus logique d'élimination, vous pouvez établir le poids des caisses. Il est marqué 40,0 sur la caisse du milieu en bas. Le poids de la caisse de la rangée du centre à droite se finit par 3, c'est donc 7,3, et la caisse au même niveau à gauche pèse donc 7,0 kg. Le poids de la caisse tout au milieu se finit par 0,0 ; c'est donc 10,0. En haut à gauche, la caisse pèse 10,5 kg. Sa voisine pèse 30,5 kg, ce qui signifie que celle en bas à gauche pèse 33,5 kg. La caisse en haut à droite pèse donc 13,5. Celle en bas à droite peut peser 23,0 ou 5,0 kg. Comme la caisse qu'il faut soulever pour passer est plus lourde que ce que vous pouvez porter, ce doit être la caisse de champagne de 23,0 kg. La caisse en bas à droite pèse donc 5,0 kg.

10,5	30,5	13,5
7,0	10,0	7,3
33,5	40,0	5,0

Il faut deux caisses pour contrebalancer les 23,0 kg de champagne. Vous pouvez prendre la caisse de 13,5 kg de matériel médical + la caisse de 10,5 kg de conserves de soupe ou celle de 10,0 kg de savon. Cependant, la caisse de savon est sous celle de 30,5 kg d'écrous et boulons, que vous ne pouvez pas soulever. Vous devez donc utiliser les caisses de matériel médical et de conserves de soupe.

3 PURGEZ LES CHAUDIÈRES

Vous devez découvrir deux choses : le tuyau qui va vers la cheminée arrière et quelle vanne attribuer à quel chauffeur. En suivant le tracé des tuyaux, vous verrez que le B mène à la cheminée arrière. Placez les chauffeurs selon leur expertise. Callum, le plus soigneux, va travailler sur la pompe à air ; Thomas est si grand qu'il peut faire levier sur le papillon ; Ernest est instruit et saura manier le bloc de poussée compliqué ; Simon est fort et motivé et peut rester sur la vanne d'arrêt ; Albert a des problèmes d'audition et supportera le cylindre à haute pression. Dans le manuel se trouvent des codes à lettres qui vous donnent un nombre à deux chiffres basé sur l'ordre des initiales des chauffeurs. CTESA = 89. En associant ces réponses, vous obtenez B89, qui se trouve sur la jauge du transmetteur. Vous purgez ainsi les chaudières.

4 SUIVEZ LE BON RAT

Apprenez quel chiffre romain indique si le rat va à gauche, à droite ou tout droit. Il y a trois plaques dans le local électrique montrant ces mêmes chiffres romains, suivis d'une série de combinaisons de lettres et de chiffres arabes. Le morceau de papier avec la grille a un axe à lettres et un axe à chiffres. Si vous tracez des trajectoires basées sur les coordonnées données, vous obtenez les images suivantes.

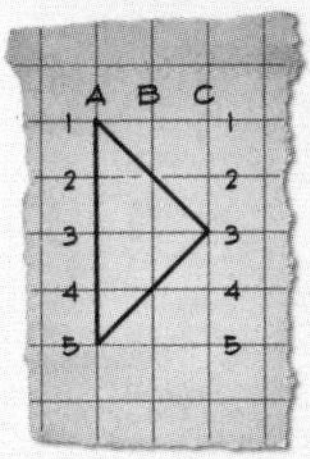

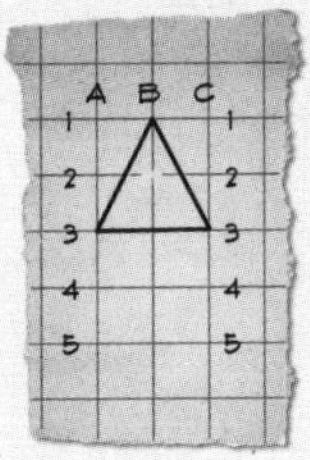

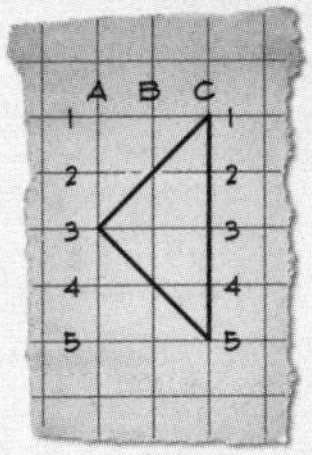

Selon ces flèches : I = droite ;
II = tout droit ; III = gauche.

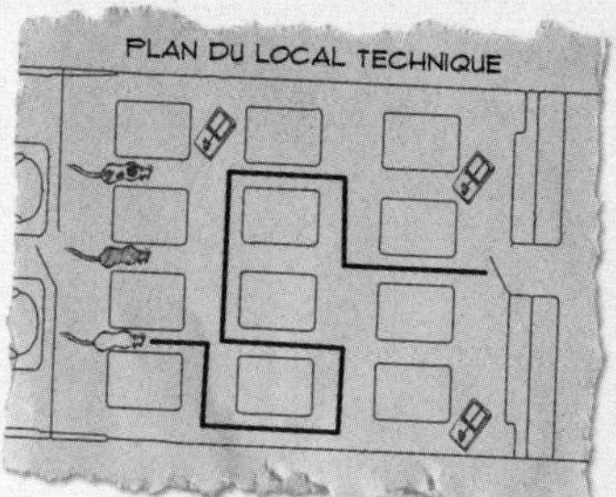

Avec ce guide, suivez le chemin des rats. Souvenez-vous que tout virage se fait du point de vue du rat : quand il tourne, son orientation change. Le rat tacheté tourne en rond et sort de la salle du mauvais côté ; le noir fonce dans un piège ; le rat blanc réussit à trouver la sortie.

5 SAUVEZ SHARP

Suivez à l'envers les indications précises de Sharp et tracez-les sur le plan du dortoir. Seule une couchette peut être atteinte de cette façon : la 13. La forme vous donnera celle de la clé nécessaire pour lui retirer les menottes.
La clé est la D.

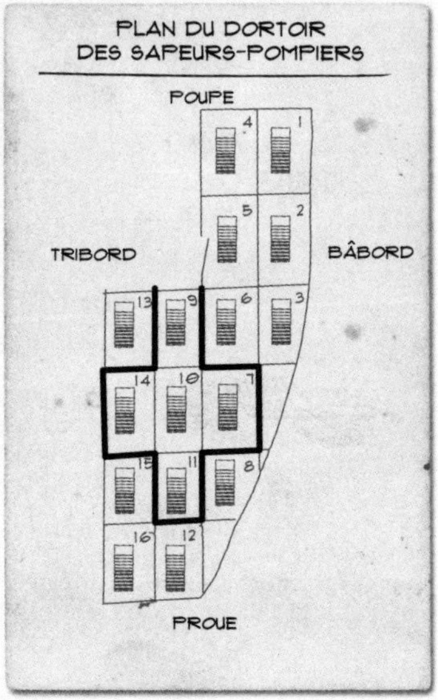

6 TROUVEZ LE BON SAC

Le frère de Sharp s'intéresse beaucoup à la botanique, mais c'est surtout parce qu'il est médecin, car sa photo le montre avec des plantes qui, selon la brochure, sont médicinales. Ainsi, l'étiquette la plus probable sur son sac est un caducée, un symbole médical.

7 TROUVEZ LE BON CASIER

La lettre que vous tend le postier a trois indices majeurs pour localiser la clé du bureau de poste. 1) Les chiffres du code postal forment le tracé du chemin à prendre jusqu'au casier qui contient la clé. 2) La grille dans le cachet de la poste indique votre point de départ, dans le coin en haut à droite de la case D. Appliquez les chiffres dans le même ordre que sur la lettre comme sur l'illustration, ce qui vous mène à la case K. 3) La boussole sur l'enveloppe a une flèche qui pointe vers l'emplacement exact de la clé.

8 FRANCHISSEZ LA PORTE

En allant d'un chiffre à l'autre, vous pouvez prendre 120 secondes pour rester sous l'eau et examiner les panneaux de la porte. Les deux panneaux identiques sont sur la deuxième rangée à droite et sur la rangée du bas à gauche. Sharp a pressé ceux-là pour ouvrir la porte.

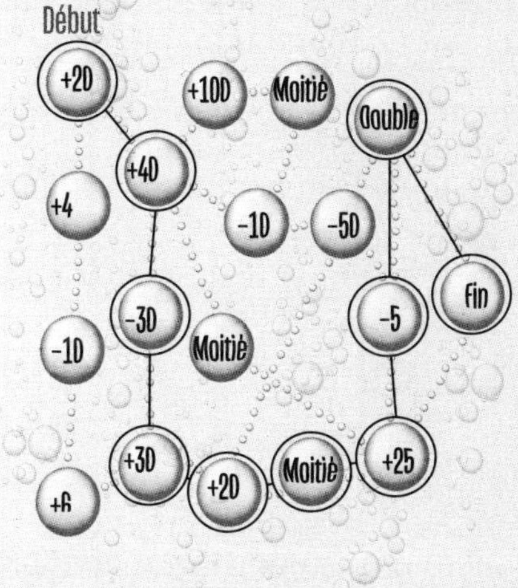

9 TROUVEZ LA BONNE PORTE

Seules deux personnes disent la vérité, les trois menteurs ont donc des erreurs de logique dans leurs propos. Comme Callum Blackstaff pense que Poole ment, cela ne peut pas être eux deux, et comme Cloutier et Palmer estiment que Poole dit la vérité, cela ne peut pas non plus être l'un d'entre eux, ni Blackstaff. Donc si Blackstaff dit la vérité, ce doit être aussi le cas de Francis McGillvray. Poole n'a confiance qu'en Cloutier, mais s'ils disent la vérité, la déclaration de Palmer sur le sérieux de Poole est fausse. Palmer ne peut donc être associé à personne. McGillvray ne fait pas confiance au boulanger et inspire la méfiance à tous, sauf à Blackstaff. Blackstaff et McGillvray disent donc la vérité.

Lequel a le chemin le plus court ? Les deux, bien sûr, mais aucun n'en a conscience. Il est illogique que les chiffres romains soient X, XI, XII, XV, X, puisque cela ferait 10, 11, 12, 15, 10. Les bouts de bois dans l'eau doivent être les chiffres manquant sur les portes. Comme il y a un V et un espace sur la Porte D, cela ne peut être que la XIV, si bien que les autres sont les XI, XII, XIII et XV, ou 11, 12, 13 et 15. Comme le chiffre de la porte E est un X, Blackstaff l'a pris pour argent comptant, mais pour McGillvray, qui a vu les plans, c'est la XV. La bonne porte est donc la E.

10 SAUVEZ L'HOMME QUI SE NOIE

Les objets qu'il vous faut peuvent être reliés par les lignes suivantes qui ne se croisent pas.

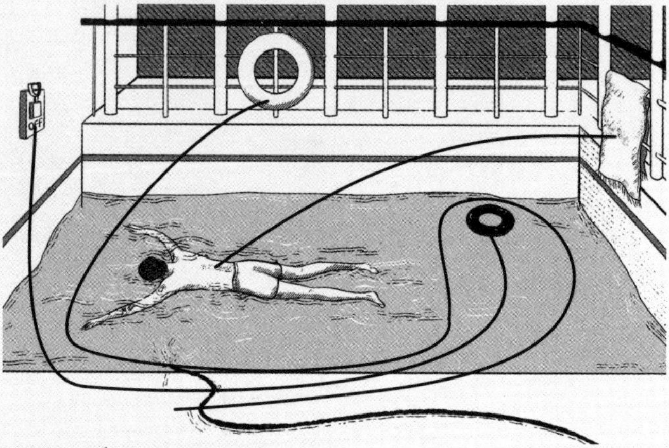

11 INTERPRÉTEZ SES TATOUAGES

Trouvez les indices les plus vraisemblables et utilisez-les pour éliminer des cabines jusqu'à ce qu'il ne reste qu'une possibilité. 1) La pureté ou son nom de famille ne vous aideront pas à trouver sa cabine, donc il doit aimer les chiffres impairs. 2) En se basant sur le premier tatouage, il doit détester les chiffres pairs, donc éliminez les cabines aux numéros pairs. 3) La peur des squelettes ou aimer ce dessin ne sont d'aucune aide, mais s'il a le mal de mer, il ne prendra pas de cabine à hublot, ce qui élimine les 1, 3, 5 et 7, et ne laisse que les 9, 11 et 13. 4) Aucun chapeau ni urne n'est visible, donc nous pouvons éliminer la cabine 9 en nous basant sur sa possible aversion pour ce chiffre. 5) Ces symboles sous-entendent qu'il est superstitieux : il ne séjournera donc pas dans la cabine 13. L'homme occupe la cabine 11.

12 OUVREZ LA TRAPPE

Trouvez deux choses : dans quel sens tourner les trois poignées et combien de fois. 1) La boussole sur la carte a la forme d'un carré incliné avec une flèche au sommet. La trappe est carrée avec trois poignées dans les coins et la poignée en haut à gauche a la même forme de flèche : vous devez donc considérer ces poignées comme étant le nord, l'est et l'ouest. 2) Grâce au journal du passager, vous pouvez déduire que Nord Londres = 4 ; Est Le Cap = 5 et Ouest Santiago = 3. 3) Les pendules de Londres et du Cap sont en avance sur l'heure du *Titanic* (sens horaire ou vers la droite) et celle de Santiago est en retard (sens antihoraire ou vers la gauche).

4) Cela vous indique qu'il faut tourner la poignée Nord quatre fois vers la droite, la poignée Est cinq fois vers la droite et la poignée Ouest trois fois vers la gauche.

13 COUPEZ LES CHEVEUX

1) Le Baron prend deux fois le temps de stérilisation du matériel et l'image indique qu'il faut 2 minutes pour stériliser un peigne, donc la coupe prend 4 minutes, ou 3 minutes et 30 secondes avec la tondeuse et la brillantine. 2) La Raie à droite prend une fois et demie le temps de la plus aristocrate des coupes (Le Baron), c'est-à-dire 6 minutes ou 6 minutes et 30 secondes avec le macassar (la tondeuse ne peut pas être utilisée). 3) Le Paon est deux fois plus rapide à effectuer que la coupe la plus latéralisée (la Raie à droite), et prend 3 minutes ou 2 minutes et 20 secondes avec la tondeuse et la brillantine. 4) Le Simple Caruso prend trois fois le temps du Paon avec la tondeuse et donc 9 minutes et 20 secondes avec la brillantine. 5) La Hourra Henry est trois fois plus rapide que la coupe au nom de célébrité (le Simple Caruso), c'est-à-dire 3 minutes ou 2 minutes et 20 secondes avec la tondeuse et la brillantine. 6) La Continentale demande le même temps que les deux autres coupes les plus rapides, donc 3 minutes, mais vous ne pouvez pas prendre la tondeuse. 7) La Bonjour Georges prend cinq fois le temps de la coupe la plus internationale (La Continentale), donc 15 minutes et 20 secondes avec la brilliantine. 8) La David l'élégant est un tiers plus rapide à faire que la coupe qui prend le plus de temps (la Bonjour Georges), c'est-à-dire 10 minutes ou 9 minutes et 30 secondes avec la tondeuse et le macassar. Cela vous laisse le choix entre le Paon et la Hourra Henry, en 2 minutes et 20 secondes. Cependant, rappelez-vous que l'objectif de cette coupe est de permettre à l'homme de se fondre dans la foule des premières classes, ce que le Paon ne lui permettra pas. La plus chic et plus rapide des coupes est la Hourra Henry.

14 ÉVITEZ LA LUMIÈRE

Le couloir C est la seule issue possible.

15 TROUVEZ LE BON AIR

Vous devez trouver quel titre de morceau est caché dans les notes codées. 1) Les notes sont La, Fa, Ré#, Si, Fa, Si, Sol#, Do#, Fa#, La#, Mi, Do, La#, Do. Si la chanson était *Valse Septembre*, la note Fa indiquerait la lettre A, mais le Fa est répété deux lettres plus tard, là où se trouve le E : ça n'est donc pas le bon titre. S'il s'agissait de *Maple Leaf Rag* nous aurions deux notes qui se répètent, indiquant les lettres « ...le le... ». Seul *Nearer My God to Thee* correspond au code, avec Fa = E en deuxième et cinquième position.

16 RÉPONDEZ À SES QUESTIONS

1. a (mentionné dans l'Introduction).
2. a (vous y étiez).
3. c (c'est là que vous vous êtes glissé à bord).
4. b (il n'y a pas de piège !).
5. b.
6. c.
7. a.
8. c (vous ne connaissez pas son prénom).
9. c (vous pourriez être la 3 122e personne à bord).

17 PRÉPAREZ UN COCKTAIL

Le seul cocktail qui ne nécessite pas de fruit ou de légume en garniture est le Tuxedo. Vous connaissez les symboles du jus de citron et de l'Angostura Bitters. Procédez par élimination et comparaison pour trouver que chaque symbole indique les formes de la bouteille et de l'étiquette et la couleur de la bouteille.

Pour le Tuxedo, il vous faudra les bouteilles de marasquin (I), d'absinthe (B), d'orange bitter (D), de gin (F) et de dry vermouth (H).

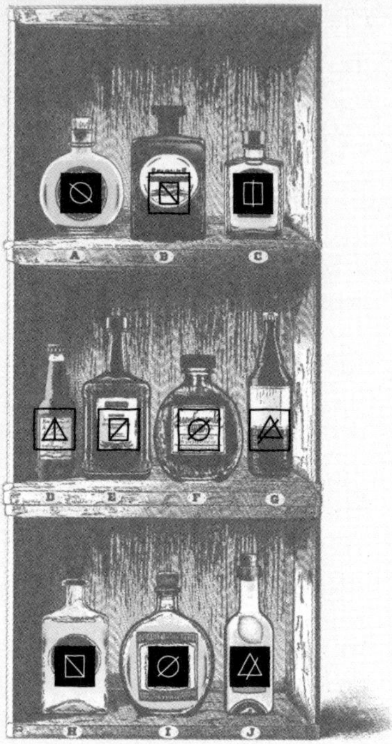

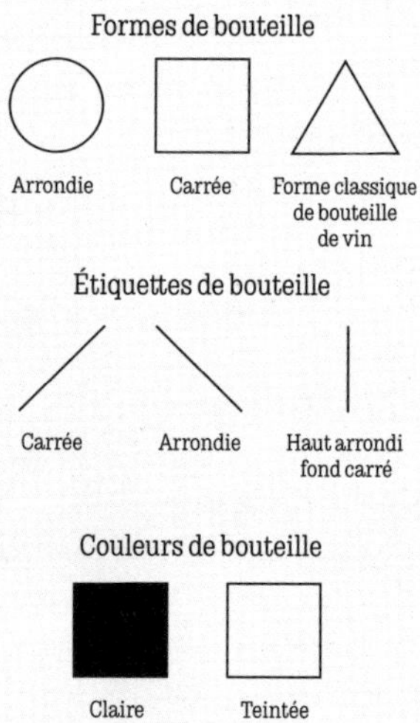

18 RETOURNEZ LA SITUATION

Pour déterminer où sont les tables, vous devez déduire combien de rectangles doivent être noircis à chaque ligne. La première grille révèle le chiffre 9, qui manque dans la seconde.

En remplaçant le ? par un 9, vous pouvez compléter la grille du plan de table, qui célèbre clairement le voyage inaugural du bateau.

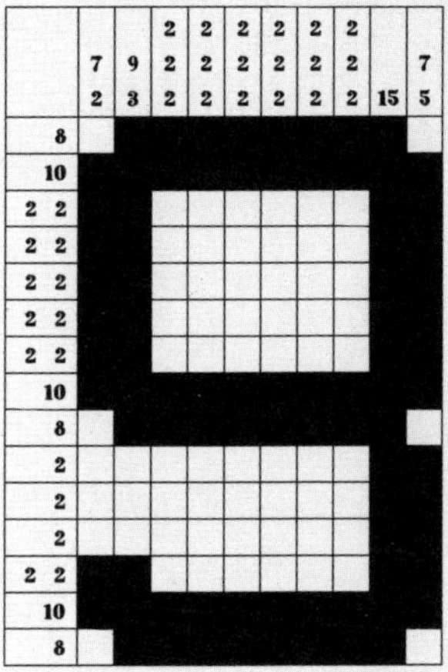

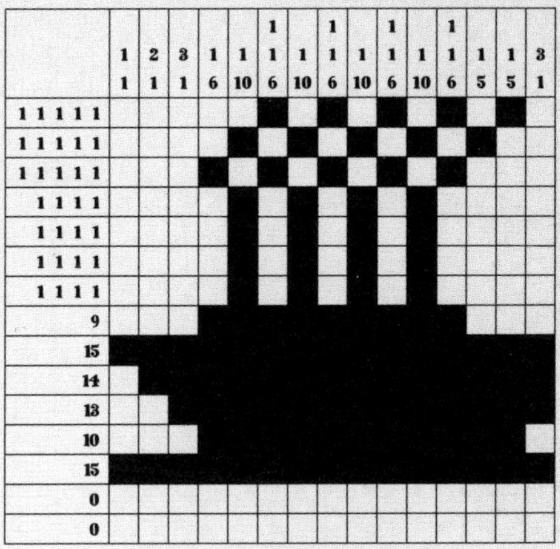

19 TROUVEZ UN AMI

Les lettres ont été envoyées le 8 et le 10 avril et ce sont pourtant deux lundis, ce qui indique qu'il ne s'agit pas de la même année. La seconde lettre fait référence au *Titanic* en construction, alors que la première dit que Vivian va embarquer à bord, ce qui en fait la plus récente des deux. Dans l'autre lettre, Vivian fait référence à ses lunettes, donc toute personne sans lunettes peut être éliminée. La même lettre mentionne le chapeau melon et le nœud papillon, mais ne précise pas si Vivian en porte. Et s'il parle de ses cheveux longs, la lettre suivante corrige ce détail. La seconde lettre par ordre chronologique dit que Vivian porte un chapeau, a les cheveux courts et ne sourira pas. Elle précise qu'il souffre d'un fort rhume des foins, ce qui élimine quiconque ayant une fleur. La seule personne correspondant à cette description est la n° 13.

20 AIDEZ LE DOCTEUR

Dans l'épreuve précédente, certaines des 30 personnes sourient, d'autres non. Remarquez aussi que : la 2 porte une écharpe qui peut fixer l'attelle ; la 4 a de l'eau pour nettoyer la plaie ; la 12 a de l'alcool pour calmer la douleur ; la 24 a une canne pouvant servir d'attelle. Le meilleur chemin, où vous passez par tous les numéros nécessaires, sans être bloqué par des gens hostiles, est donc le suivant :

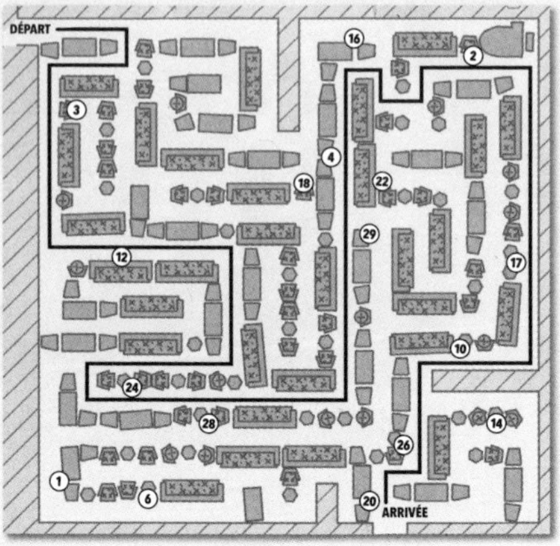

21 CONDUISEZ-LA À SA CHAMBRE

Trouvez le poids de chaque objet, l'un par rapport à l'autre. Quatre sets de couverts = deux bols en argent, donc deux sets de couverts = un bol en argent. Si quatre bols en argent = deux chandeliers, alors huit sets de couverts = deux chandeliers et quatre sets de couverts = un chandelier. Six sets de couverts = deux vases, donc trois sets de couverts = un vase. Ainsi, un vase et trois bols en argent = neuf sets de couverts et comme un chandelier = quatre sets de couverts, il vous faut cinq sets de couverts en plus pour équilibrer les sacs.

22TROUVEZ SON DOSSIER

La carte de Petherbridge est le sept de pique et son numéro de dossier, le D7. Le chiffre de sa carte et celui de son dossier sont les mêmes, mais la carte de Nithercott est une figure. Remarquez qu'il y a dix dossiers dans les tiroirs à gauche et trois à droite. Cela indique que les cartes chiffrées viennent des tiroirs de gauche et les figures, de droite. Il y a quatre rangées de tiroirs et quatre couleurs. Comme les piques sont dans le tiroir D et que la note insiste sur l'ordre des couleurs, il est logique que les cœurs, en deuxième position, soient dans les tiroirs C et G. Donc la carte roi de cœur de Nithercott indique que son dossier est le G13.

23 OUVREZ LA BOÎTE

Il faut insérer quatre dominos dans le couvercle de la boîte. Chaque domino comporte deux chiffres. Leur ordre est indiqué par les boucliers qui représentent les quatre fils : Arvid Une-Dent, Magnus La-Canine, Erik Le-Borgne et Ragnar

Un-Œil. Trouvez quel bouclier correspond à quel fils, puis la région sur laquelle il a régné. Les boucliers C et D peuvent être retournés, mais pas les A et B. Donc, le A à une dent est Arvid ou Magnus et le B à un œil est Erik ou Ragnar. Selon la saga, Erik a perdu son œil droit (à gauche en vue de face), donc le B doit être Ragnar. Erik est le D ou le C retourné. Magnus a perdu toutes ses dents sauf une (à droite en vue de face), donc Magnus doit être le C, puisque A et D retournés n'ont qu'une dent droite. Par conséquent, Arvid est le A et Erik le D.

L'histoire dit que tous les frères furent heureux ; Arvid a pris l'Ouest et Erik le Sud. Magnus ne voulait pas l'Est, donc il a dû obtenir le Nord, laissant l'Est à Ragnar.

A Arvid Une-Dent (Ouest)
B Ragnar Un-Œil (Est)
C Magnus La-Canine (Nord)
D Erik Le-Borgne (Sud)

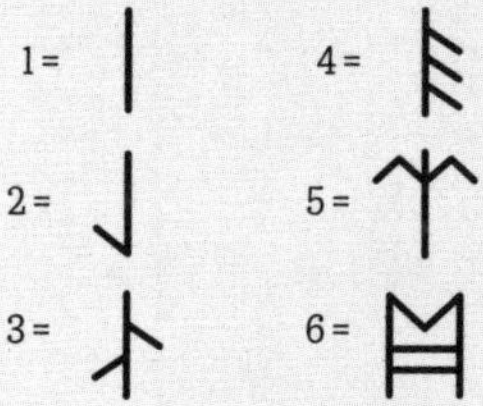

Les runes ont autant de traits que le nombre qu'elles représentent.

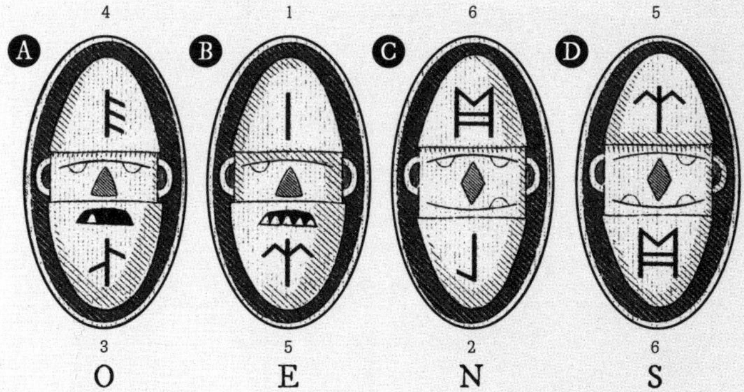

Sur la surface de la boîte, il y a quatre flèches, indiquant l'ordre dans lequel doivent venir les fils : Sud, Ouest, Est, Nord. Les dominos doivent donc être placés ainsi dans le couvercle :

24 RÉSOLVEZ LE MYSTÈRE

La clé des myroglyphes donne les lettres de A à F, aussi présentes sur les quatre listes d'aide-mémoire. En regardant les visages, vous pouvez voir que leurs yeux regardent en haut, en bas, à gauche ou à droite. Cela vous indique la liste dans laquelle prendre le mot. Le code est : ↓D, ↑A, ↑E, →C, ←C, ↑A, ↑F, →C. Ces mots combinés donnent cette phrase :

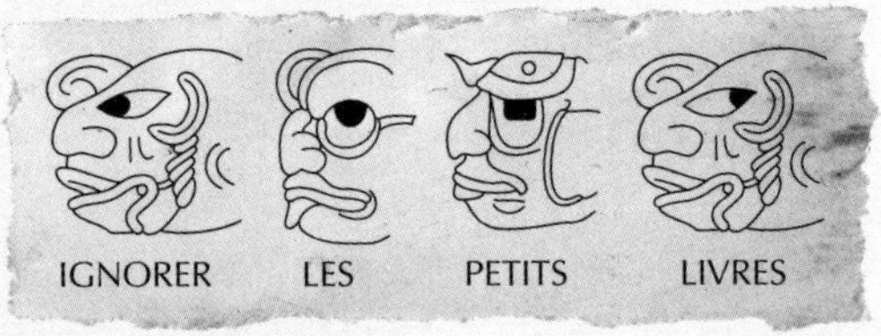

Suivez les lignes sur les grands livres, ignorez les autres et vous trouverez un chemin. Commencez par le grand livre avec à sa base des lignes ressemblant à une flèche. Le chemin se termine par le livre que vous devez tirer.

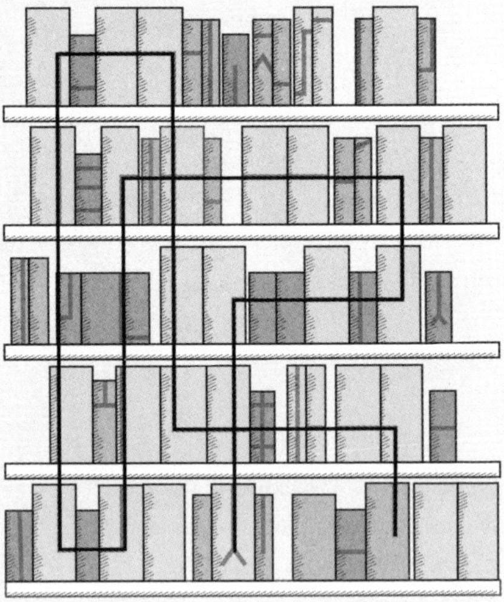

25 DÉGUISEZ-VOUS

Les cinq objets que vous cherchez sont représentés sur son tableau, qui correspond à l'agencement de la cabine. Le nom de l'artiste est Arthur Tisdale et le tableau est signé TA, donc le tableau reflète le plan de la cabine en miroir. La place de chaque objet est donc à l'opposé de ce qu'indique le tableau. Vous les trouverez mieux en tenant la page devant une lumière. Maintenant que vous avez leur position générale, utilisez le journal et les consignes pour le perroquet pour les trouver.
Les lunettes sont derrière la clé de Paris. (Tisdale dit qu'elles représentent la liberté, comme les clés ouvrant des choses.)
Le canotier est dans le tiroir sous l'affiche de Paris. (Tisdale dit qu'il représente la France pour lui.)
Le nœud papillon est noué autour du sablier. (Ils ont des formes semblables.)
La veste est accrochée sur la cage du perroquet. (La housse est sur le sol et a l'air d'un tapis. Pour Tisdale, les vestes représentent l'enfermement ou les cages.)
La barbe est sur le portrait du père de Tisdale. (Il dit que son père serait furieux de savoir où elle est, tout en indiquant qu'il les a associés.)

26 TROUVEZ LES ERREURS

Poséidon : A) Son trident est une fourchette impossible ; B) Il y a une conserve sur le sol, objet qui n'existait pas en 620 av. J.-C. ; C) Le bateau n'existait pas non plus à l'époque.

Poséidon 620 av. J.C.

Le chevalier : A) Il tient un couteau à beurre au lieu d'une hallebarde ; B) Il a trois mains ; C) Il porte des bottes modernes.

L'Homme de Vitruve : A) Il tient une cuillère ; B) Il lui manque deux bras et deux jambes ; C) Il a une feuille de vigne en cache-sexe.

Britannia : A) Sa lance est un pinceau ; B) Son bouclier est une assiette ; C) Il y a un chat derrière elle.

L'erreur commune aux quatre dessins est un élément de service de table, donc le rendez-vous est au restaurant À La Carte.

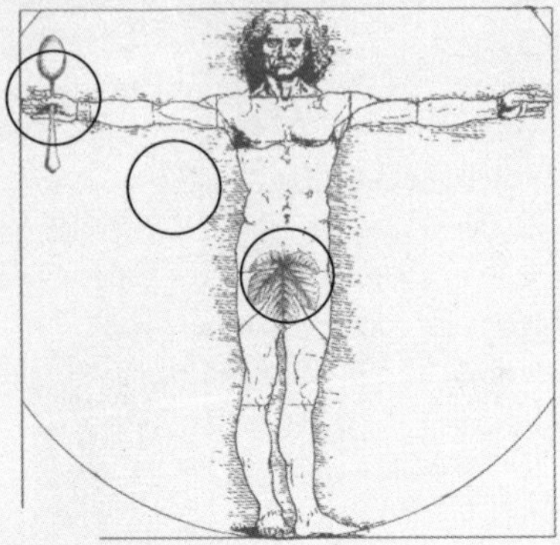

27 DÉCODEZ LE MESSAGE

Sur la note, les chiffres sont tous impairs (sauf le 2) et seulement divisibles par eux-mêmes ou un, ce qui en fait des nombres premiers, comme l'indique la clé. La grille montre que X = 89. Vous en déduisez la clé de décryptage suivante : A = 2, B = 3, C = 5, D = 7, E = 11, F = 13, G = 17, H = 19, I = 23, J = 29, K = 31, L = 37, M = 41, N = 43, O = 47, P = 53, Q = 59, R = 61, S = 67, T = 71, U = 73, V = 79, W = 83, X = 89, Y = 97. Le Z barré sur la clé indique que cette lettre ne doit pas être incluse. Le message obtenu grâce au code est : LA CLÉ QUI OUVRE LE SAC EST DANS LA VIGIE.

28 BATTEZ-VOUS CONTRE SHARP

Pour former le bon enchaînement de parades, vous devez vous assurer qu'à la fin de chaque mouvement, vous êtes prêt pour le suivant. Par exemple, sauter par-dessus le bastingage au début vous laisse suspendu au-dessus de l'eau et aucune autre parade ne commence dans cette position. Le bon enchaînement est : A) Protection accroupie (debout puis accroupi) ; C) Le désarmer (accroupi puis debout, bras tendus) ; B) Bloquer (debout bras tendus puis debout bras en croix devant le visage) ; C) Coup de grâce (debout puis victorieux) !

29 RÉSOLVEZ L'ÉNIGME DE L'ARTISTE

Suivez les directions du poème et tracez des traits entre les points cités. Une ligne va de la main vide de Gloire au stylet d'Honneur, au point où leurs regards se croisent, et se finit à 7 heures. L'autre ligne va du centre de la couronne au centre du monde, du genou d'Honneur à la main vide de Gloire, au point où leurs regards se croisent et jusqu'au stylet d'Honneur.

Le nombre est donc 42. Le poème indique que les aiguilles de la pendule doivent être à 4 et 2 et la phrase « ce sera de la proverbiale tarte » sous-entend que vous trouverez une tarte ayant la même forme que les aiguilles de la pendule : la tarte aux saint-jacques. Le « numéro de l'horloge est dans leur quantité », donc comptez les coquilles saint-jacques sur l'horloge, ce qui vous donne le chiffre 7.

30 RECONNECTEZ L'HORLOGE MÈRE

Suivez les symboles du circuit pour trouver ce chemin sur le diagramme :

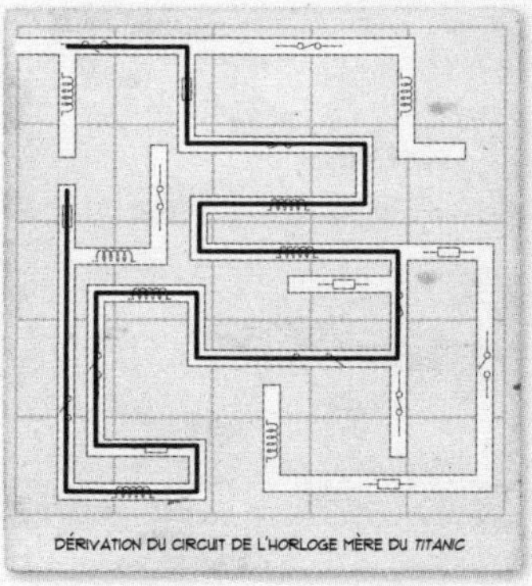

Si vous tracez le même chemin sur la grille de 5 × 5 pendules, vous passerez vingt-deux fois par une pendule, comme ci-dessous :

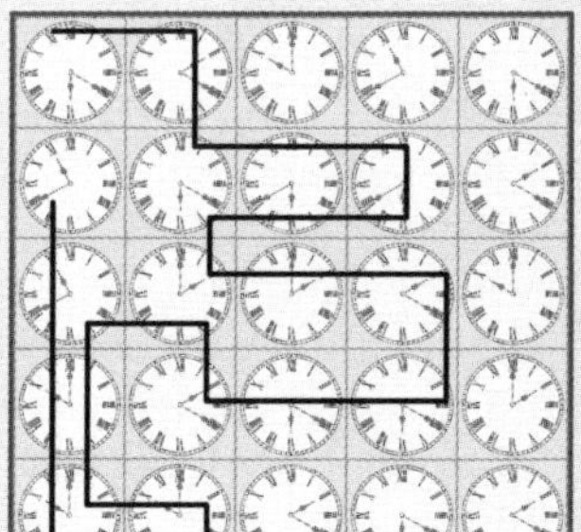

La grille en hexagones indique « Heure puis minute ». Donc, en partant du début, vous devez tracer des traits en suivant d'abord l'aiguille des heures, puis celle des minutes, des vingt-deux pendules.

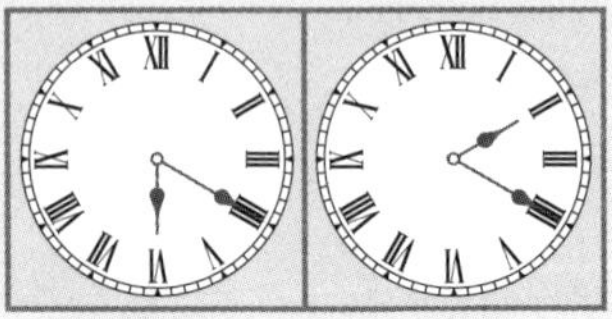

6:20 2:20

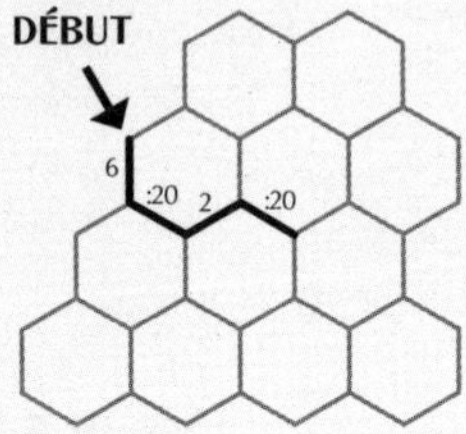

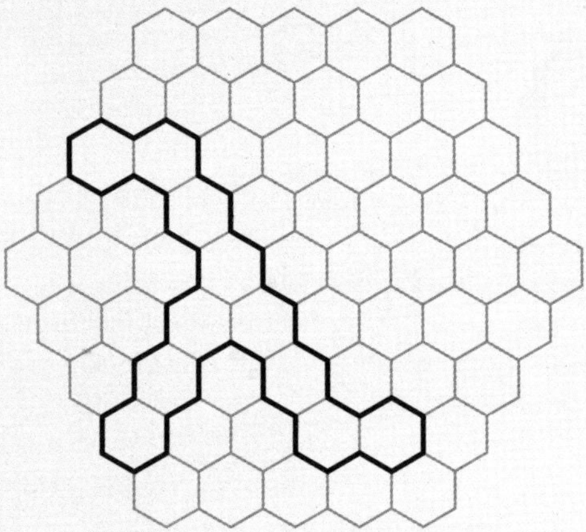

Cela montre que la plaque en métal requise est λ ou lambda.

31 RAPPORTEZ LES INSTRUMENTS

Le piano se déplace de 16,5 mètres en 1 minute et 50 secondes, soit plus de la moitié de la longueur du couloir. Si la cravate est à gauche, la cabine de Jock est donc la B29. Si, depuis sa chambre, Jock doit tourner à droite pour accéder à la cabine du violoniste, il doit s'agir de la B22, B24, B26 ou B28 en face dans le couloir. Si le contrebassiste est voisin de Jock, sa cabine est la B27 ou B31. Comme une chambre sépare le bassiste du violoncelliste, ce dernier doit être en B35 ou B23. Le violoniste était dans la moitié supérieure du couloir, face au contrebassiste, donc ce dernier doit être en B27. Cela veut dire que le violoncelliste est en cabine B23 et le violoniste en B22, où il partage une cloison avec celle de William qui contient le piano.

32 COMPTEZ LES BALLES

Comptez les fois où il a tiré, y compris lors d'épreuves précédentes. Dans l'épreuve 29, le steward tire une fois en l'air et dit qu'il lui reste cinq balles. Dans l'épreuve 30, il tire à nouveau en l'air. Dans l'épreuve 32, vous voyez deux impacts de balles dans le portrait de J.P. Morgan, un autre dans le hublot, et, en examinant le motif du papier peint, vous verrez un cercle là où il devrait y avoir un carré, ce qui indique un autre impact.

Le steward n'a plus de balle dans son arme.

33 ENVOYEZ UN MESSAGE

Le tissu transparent fait des formes similaires à celles des drapeaux de sémaphore mais qui ne ressemblent à aucune position existante, sauf si, comme les hommes l'indiquent, vous inclinez la tête de 45 degrés. En le faisant, vous verrez que les dessins des carrés de tissu s'accordent aux positions de sémaphore suivantes :

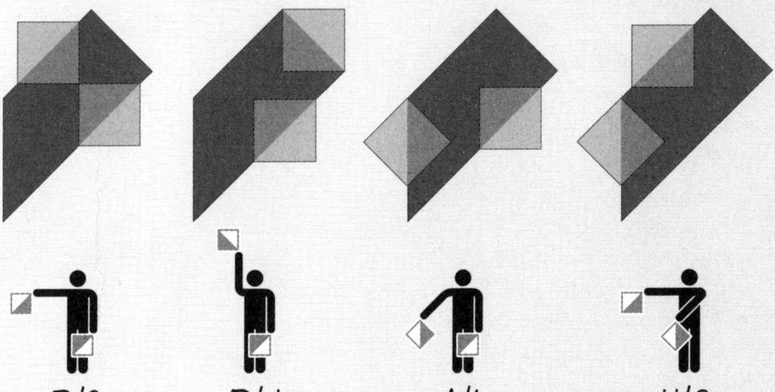

Les quatre derniers chiffres sont 2418.

34 CONTRECARREZ SHARP

Les bonnes réponses aux questions sont :
1) B. Il n'y avait pas de plongeoir. 2) A. Leurs noms de famille sont inversés. 3) C. La Bonjour Georges n'est pas la deuxième coupe la plus rapide (c'est la plus longue). 4) C. La *Dionaea muscipula* n'est pas médicinale. 5) B. Page 35, si vous combinez les formes des clés A et B, vous obtenez la forme de la clé D. Donc, si vous combinez les formes des clés C et E, vous obtenez aussi la forme de la clé D.

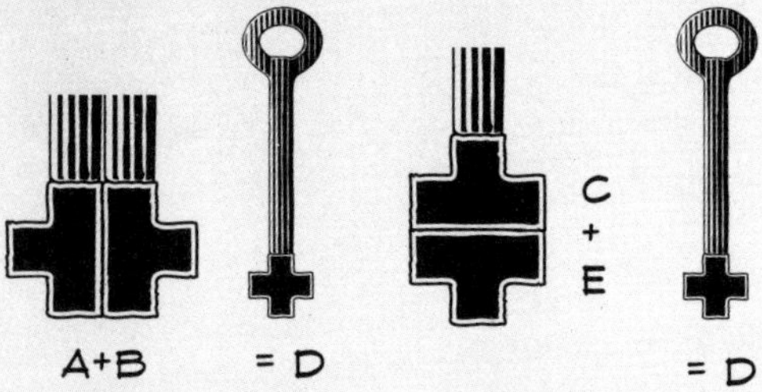

35 OUVREZ LA MONTRE

Vous devez d'abord trouver dans quel sens tourner le globe et de combien de degrés. Alexander a dit à Linnaeus que « le départ et l'arrivée doivent être dans ses mains » et les inscriptions en latin disent : « Pars à la minute. Arrive à l'heure. » Tournez le globe de 45 degrés en sens antihoraire, les aiguilles indiqueront les points de départ et d'arrivée.

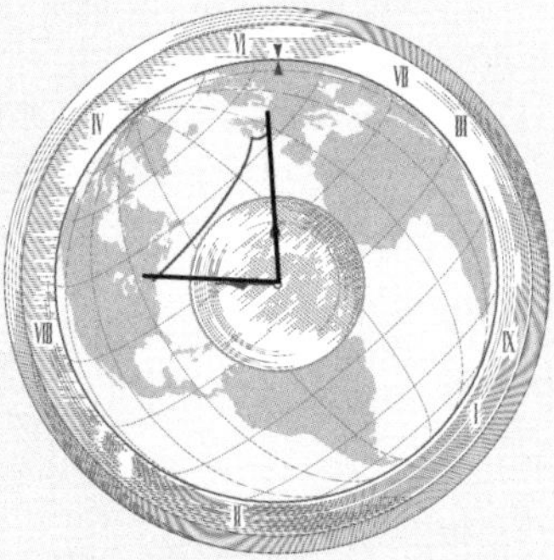

Si vous retournez la montre et que vous tournez encore une fois les symboles périphériques de 45 degrés en sens antihoraire, ils se combineront pour former des chiffres à chaque point cardinal.

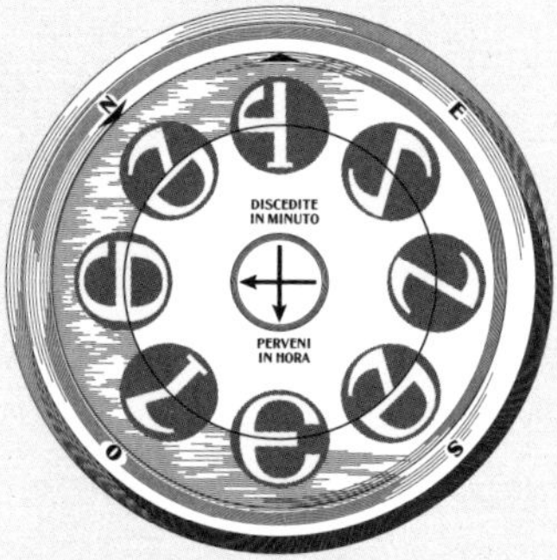

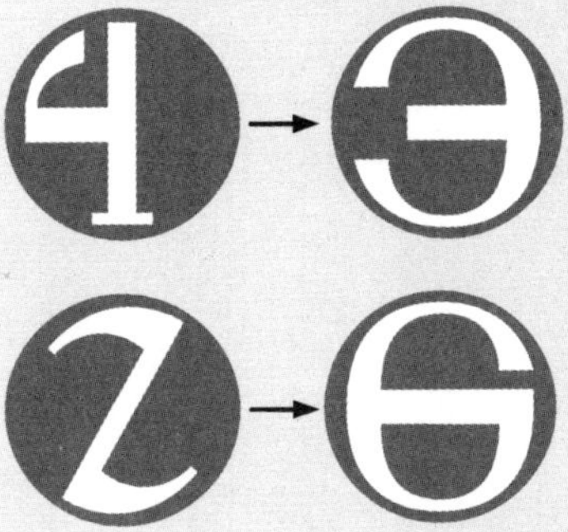

nord = 4 ; sud = 3 ; est = 2 ; ouest = 6

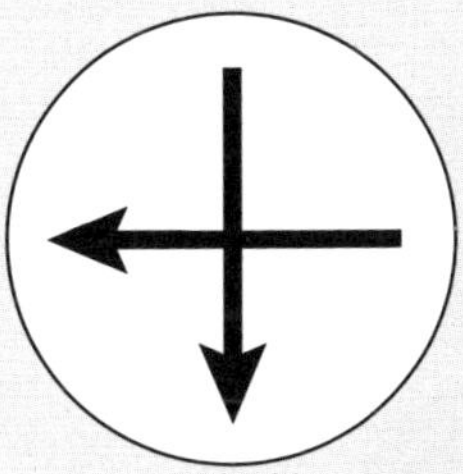

Les flèches au centre des symboles montrent comment il faut relier ces chiffres : nord vers sud, est vers ouest.

Quand vous tracez des lignes entre IV et III et entre II et VI, elles se croisent à un point sur le globe en Écosse. C'est ici qu'il faut appuyer pour ouvrir la montre.

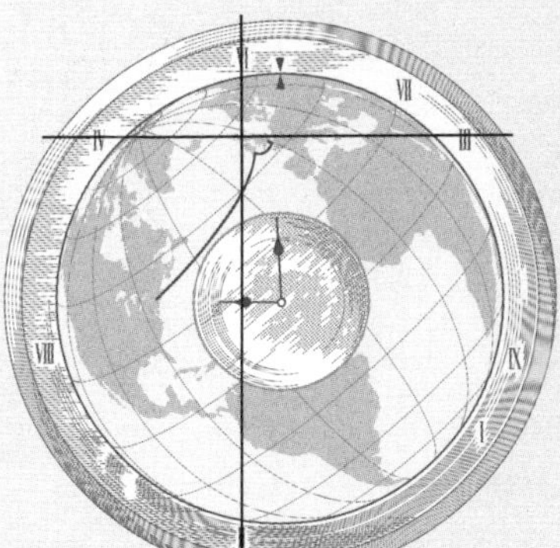

36 EVADEZ-VOUS DU *TITANIC*

L'équation vous aide à déduire la valeur des symboles, mais il est important de noter que la valeur est définie par certains éléments dans les dessins.

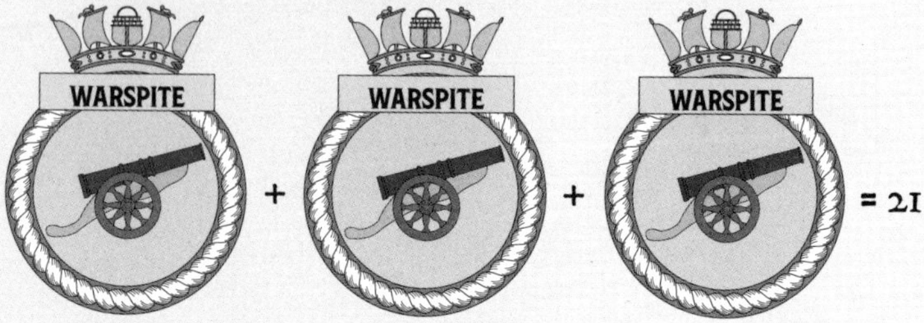

3 × *Warspite* = 21, donc *Warspite* = 7.

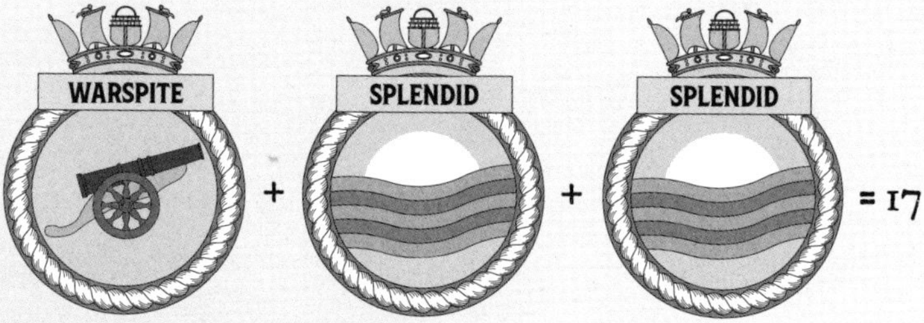

Le *Warspite* + le *Splendid* + le *Splendid* = 17, donc le *Splendid* doit faire 10 ÷ 2, soit 5. Il y a cinq bandes sur le symbole du *Splendid*, donc chaque bande du *Splendid* vaut 1.

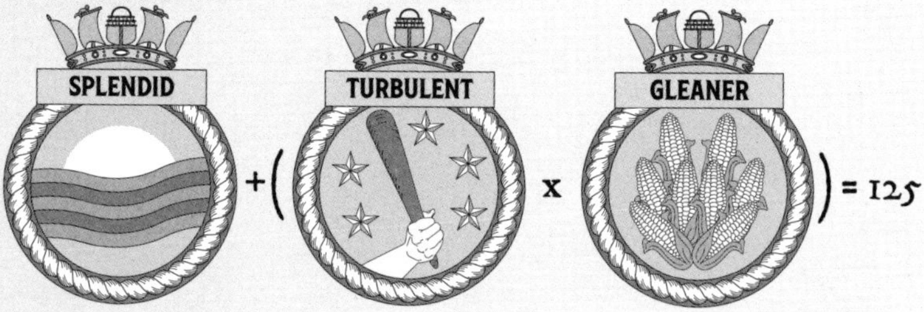

Le *Splendid* avec cinq bandes (5) + le *Turbulent* × le *Gleaner* = 125. Donc 5 étoiles × 8 épis = 120. Chaque étoile peut valoir 1 ou 3 et chaque épi peut aussi valoir 1 ou 3.

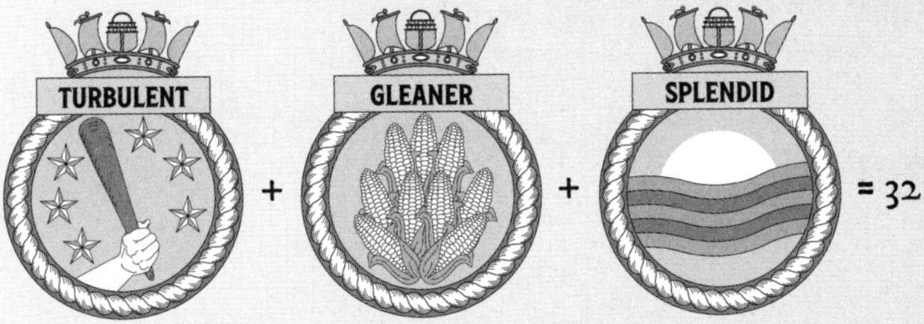

Le *Turbulent* avec six étoiles (18 ou 6) + le *Gleaner* avec neuf épis (9 ou 27) + le *Splendid* avec cinq bandes (5) = 32. La seule solution est donc la suivante : chaque épi de blé sur le *Gleaner* vaut 1 et chaque étoile sur le *Turbulent* vaut 3. Donc les symboles indiquent les canots suivants : A est le 8 ; B est le 7 ; C est le 15 ; D est le 12 ; E est le 9 ; F est le 6 ; G est le 18 ; H est le 5. Le canot 18 est indiqué par le symbole G.

Notes

NOTES

Notes

Crédits photographiques

Alamy Stock Photo: 78 ; /George Logan 6 ; /Hi-Story 8 ; / Stephen Barnes/ Historical 42 ; 46; / Heritage Image Partnership Ltd 139 ; / B Christopher 193 ; / Lebrecht Music & Arts 185 ; / The History Collection 197 ; / Niday Picture Library 203 ; / GRANGER - Historical Picture Archive 218

Dave Jones 129 ; 130 ; 147 ; 148 ; 160 ; 161 ; 162 ; 163 ; 167 ; 168 ; 169 ; 170 ; 175 ; 179 ; 180 ; 182 ; 183 ; 188–189 ; 194, 200, 201 ; 212; 215

Emma Fraser Reid 48 ; 62 ; 70 ; 94 ; 99 ; 121 ; 122, 123 ; 124 ; 125 ; 126 ; 131, 134, 135, 136 ; 142 ; 144 ; 151 ; 157 ; 158 ; 165 ; 173 ; 174 ; 177 ; 191 ; 204 ; 209 ; 225

Getty Images / Education Images 60; 186; ilbusca 211

iStock by Getty Images 26,

Luke Griffin 10–11, 14, 21, 24, 28, 29, 32, 36, 38, 39, 40, 41, 63, 64, 66, 67, 68, 69, 76, 79, 81, 84, 86, 88, 90, 102, 103, 112, 113; 118;

Shutterstock 15 ; 16 ; 18 ; 19 ; 23 ; 25 ; 27 ; 30 ; 33 ; 34 ; 35 ; 41 en bas ; 44 ; 45 ; 47 ; 50–51 ; 52 ; 53 ; 54 ; 56–57 ; 58 ; 59 ; 63 en bas ; 69 en bas ; 72 ; 73 ; 74–75 ; 77 ; 82 ; 83 ; 87 ; 90 ; 91 ; 92 ; 93 ; 97 ; 101 ; 103 en bas ; 104 ; 105 ; 107 ; 108 ; 109 ; / Everett Collection 110, 171, 226–227 ; 114 ; 115 ; 116 ; / Morphart Creation 119 ; 119 en bas ; 125 ; 128 ; 129 en bas ; 133 ; 141 ; 145 ; 149 ; 152 ; 153 ; 154 ; 155 ; 157 ; 163 en bas ; 171 ; 177 en bas ; 180 ; 183 en bas ; 188, 189 ; 195 ; 198 ; 201 en bas ; 207 ; 215 en bas ; 216 ; 223 en bas

Vector-Images.com 220 ; 221 ; 222 ; 223

Wikimedia 13

Wikipedia / HefePine 23 100